2024

徽商 发展报告

王唤明　张道刚　栗　亮◎编著

安徽师范大学出版社

·芜湖·

图书在版编目(CIP)数据

徽商发展报告.2024 / 王唤明,张道刚,栗亮编著.

芜湖:安徽师范大学出版社,2024.8. -- ISBN 978-7-5676-6971-0

Ⅰ.F729

中国国家版本馆CIP数据核字第20242QX423号

徽商发展报告 2024　　　　　　　　王唤明　　张道刚　　栗 亮◎编著

责任编辑:何章艳　　　　　　责任校对:蒋　璐

装帧设计:张　玲　汤彬彬　　责任印制:桑国磊

出版发行:安徽师范大学出版社

　　　　　芜湖市北京中路2号安徽师范大学赭山校区

网　　址:http://www.ahnupress.com/

发 行 部:0553-3883578　5910327　5910310(传真)

印　　刷:苏州市古得堡数码印刷有限公司

版　　次:2024年8月第1版

印　　次:2024年8月第1次印刷

规　　格:700 mm × 1000 mm　1/16

印　　张:10.75

字　　数:133千字

书　　号:978-7-5676-6971-0

定　　价:60.00元

凡发现图书有质量问题,请与我社联系(联系电话:0553-5910315)

序

2023年，安徽国民经济回升向好，高质量发展扎实推进，启动"投资安徽行"系列活动，进一步强化"双招双引"，实现了徽商回归项目超千亿元。徽商砥砺前行，他们弘扬徽商文化，传承徽商精神，争做"徽骆驼""绩溪牛"，徽行天下，情系故里，开创了新局面。在多个产业赛道，徽商的表现都非常卓越，他们有的引领行业发展，有的成为"独角兽"企业或"隐形冠军"，有的基业长青。在家电行业、新能源汽车行业、人工智能行业、新材料行业、传统轻工行业、芯片行业、餐饮行业等都有徽商的身影，他们奋力前行，创造价值，奉献社会。

目前，分布在全球的徽商组织已成为地方政府招商引资的桥梁和文化与经贸往来的平台，更是徽商回归的重要载体。据初步统计，截至2023年底，全球共有各类徽商组织528家，其中，在国内注册成立的安徽商会、徽商商会、安徽企业商会、徽商联合会、经济文化促进会等共计228家，安徽省16个地级市的省外异地商会188家，安徽省16个地级市所辖县（县级市）的省外异地商会78家，海外徽商组织34家。

"树高千尺不离根"，无论是从安徽皖南山区走出去的徽商，还是从皖北平原走出去的安徽商人，他们一脉相承、血脉相连，有一个共同的名字——徽商。作为中华大地上地缘性极为特殊的商人群体，徽商的发展经历了辉煌、衰落和振兴崛起，我们可以从徽商发展看历史兴衰，从徽商精神悟时代真谛。

蕴徽商之美，凝民族之魂。改革开放40多年来，新徽商秉承敢为天下先的精神，在市场经济的浪潮中奋力拼搏，成为纵横天下、创富国家、建设家乡的重要力量。在当前安徽大力实施"双招双引"的背景下，徽商积极投资家乡建设，抢抓长三角一体化发展机遇，助力安徽高质量打造科技创新策源地、新兴产业聚集地、改革开放新高地、经济社会发展全面绿色转型区，聚力建设自立自强的科技强省、智能绿色的制造强省、高质高效的农业强省、山水秀美的生态强省、英才荟萃的人才强省、人民满意的教育强省、繁荣兴盛的文化强省。

安徽财经大学是一所多科性财经大学，是我国首批具有学士学位授予权、第三批具有硕士学位授予权的高校。目前，学校是中华全国供销合作总社与安徽省人民政府共建高校、安徽省重点建设的特色高水平大学和安徽省高峰学科建设高校，先后荣获"全国绿化模范单位"、"全国百佳食堂"、首届"安徽省文明校园"、全国"节约型公共机构示范单位"等称号。学校坚持科研兴校，现拥有中华全国供销合作总社重点智库、安徽省重点智库、安徽省省级协同创新中心、安徽省高校人文社科重点研究基地等省部级科研创新平台12个，校级特色科研创新平台42个。近五年，学校累计获批国家级科研项目112项，国家社会科学基金年度项目立项数位居安徽省高校前三位、全国财经类高校前列，连续五年获批国家社会科学或自然科学基金重大（重点）项目；多项科研成果荣获教育部高等学校科学研究优秀成果奖（人文社会科学）、安徽省社会科学奖等科研奖项；多项智库成果获中央和省部级领导肯定性批示。学校立足自身特色，适应国家与区域经济社会发展需求，着力打造财经高端智库，出版《安徽县域经济竞争力报告》《中国合作经济发展研究报告》《徽商发展报告》等服务安徽经济社会发展和行业发展系列研究报告，社会影响力不断扩大，科研特色品牌日益彰显。

安徽财经大学徽商研究始于十多年前，徽商讲坛、徽商大讲堂等平台的搭建，为学校的徽商研究奠定了坚实的基础。2014年，安徽财经大学新徽商研究中心成立。该中心聚焦徽商组织、徽商人物、徽商产业、徽商企业、徽商文化等方面的研究，拥有一批专家学者团队，出版了《徽商文化》《新徽商导论》《徽商发展报告2017》《徽商发展报告2019》《徽商发展报告2020》《徽商发展报告2021》《徽商发展报告2022》《徽商发展报告2023》《安徽老字号的传承与振兴》等著作，举办了两届关于徽商老字号品牌的中国（安徽）大学生市场营销创新大赛，与安徽师范大学联合举办了首届徽商老字号品牌营销高峰论坛，发表了一系列有关徽商和徽文化的学术论文，多次承办了省、市工商联的相关社会组织培训研修，承接了相应课题研究，打造了线上平台——新徽商大讲堂，与安徽经济报社合作共建了徽商智库。

《徽商发展报告2024》主要从徽商组织、徽商企业、徽商人物、徽商制造、徽商回归、徽商国际化、徽商文化传承七个方面系统阐述2023年度徽商发展情况（包含部分2024年的徽商活动），是对徽商年度活动与事件的分析总结，对人们系统了解徽商的发展具有重要的指导作用。同时，本书也是安徽财经大学服务地方经济、加强智库建设的研究成果之一，是安徽财经大学2024年度系列报告丛书的一部分。

《徽商发展报告2024》是安徽财经大学新徽商研究中心和决策杂志社（安徽创新发展研究院）、安徽经济报社联合研究发布的成果，得到了安徽省工商联、安徽省合作交流办公室、安徽省工业和信息化厅、安徽省商务厅、安徽省人民政府发展研究中心等相关部门，以及徽商总会、安徽省国际徽商交流协会和海内外众多徽商商会的大力支持，在此一并表示感谢！

安徽财经大学副校长　王兵

二〇二四年七月

目　录

徽 商 组 织

　　本书中的徽商组织是指在安徽省外合法注册成立的省、市、县级各类安徽商会、徽商商会、安徽企业商会、徽商联合会、经济文化促进会等，以及安徽所辖市、县（县级市）的省外异地商会。

一、全国徽商组织分布

　　据初步统计，截至 2023 年底，在国内注册成立的安徽商会、徽商商会、安徽企业商会、徽商联合会、经济文化促进会等共计 228 家，其中安徽商会（包括安徽企业商会等）208 家（见表 1），徽商商会 13 家（见表 2），徽商联合会 5 家（广州徽商联合会、保定市新徽商联合会、四川省徽商联合会、天津市静海区徽商联合会、武义县徽商联合会），经济文化促进会 2 家（上海安徽经济文化促进会、大连市徽商经济文化促进会）；安徽省 16 个地级市的省外异地商会 188 家（见表 3）；安徽省 16 个地级市所辖县（县级市）的省外异地商会 78 家（见表 4）；海外徽商组织 34 家（见表 5）。综上所述，截至 2023 年底，全球共有各类徽商组织 528 家。

表1 在国内注册成立的安徽商会（包括安徽企业商会等）

序号	商会名称	成立时间 [①]
1	上海市安徽商会	1992-12-07
2	天津市安徽商会	1998-01-01
3	香港安徽联谊总会	2002
4	内蒙古安徽商会	2004-10-12
5	温州市安徽商会	2004-12-23
6	商丘市安徽商会	2005-12-13
7	湖北省安徽商会	2006-02-21
8	云南省安徽商会	2006-04-10
9	重庆市安徽商会	2006-05-12
10	北京安徽企业商会	2006-06-07
11	宁夏安徽商会	2006-06-28
12	澳门安徽联谊总会	2006
13	杭州市安徽商会	2007-01-08
14	绍兴市柯桥区中国轻纺城安徽商会	2007-05-18
15	海南省安徽商会	2007-07-30
16	广西安徽商会	2007-08-09
17	连云港市安徽商会	2007-08-27
18	陕西省安徽商会	2007-10-22
19	福建省安徽商会	2008-01-01
20	河南省安徽商会	2008-02-22

① 这里的成立时间指商会的注册时间，后文表2、表3、表4中的成立时间亦指注册时间。

序号	商会名称	成立时间
21	佛山市安徽商会	2008-03-11
22	常州市安徽商会	2008-03-29
23	山西安徽商会	2008-04-10
24	江西省安徽商会	2008-08-25
25	四川省安徽商会	2008-12-16
26	昆山市安徽商会	2009-03-10
27	苏州市安徽商会	2009-03-30
28	曲靖市安徽商会	2009-04-18
29	青海省安徽商会	2009-07-17
30	常熟市安徽商会	2009-09-01
31	嘉兴市安徽商会	2009-09-28
32	山东省安徽商会	2009-12-21
33	台湾徽商经贸文教交流协会	2009
34	贵州省安徽商会	2010-06-13
35	南京市安徽商会	2010-08-06
36	中山市安徽商会	2010-08-10
37	宁波市安徽商会	2010-08-18
38	保山市安徽商会	2010-12-28
39	江苏省安徽商会	2011-01-10
40	阿克苏地区安徽商会	2011-02-07
41	浙江省安徽商会	2011-03-07

续 表

序号	商会名称	成立时间
42	襄阳市安徽商会	2011-03-18
43	惠州市安徽商会	2011-04-20
44	吉林省安徽商会	2011-05-03
45	义乌市安徽商会	2011-05-17
46	沈阳市安徽商会	2011-05-30
47	甘肃省安徽商会	2011-07-05
48	湖南省安徽商会	2011-08-03
49	乌鲁木齐安徽商会	2011-08-25
50	柳州市安徽商会	2011-09-11
51	洛阳市安徽商会	2011-11-21
52	克拉玛依市安徽商会	2011-11-24
53	徐州市安徽商会	2011-11-29
54	青岛市安徽商会	2012-01-10
55	衡阳市安徽商会	2012-02-16
56	绵阳安徽商会	2012-03-01
57	喀什安徽商会	2012-06-16
58	漳州市安徽商会	2012-06-16
59	广州市安徽商会	2012-07-23
60	广东省安徽商会	2012-07-24
61	太仓市安徽商会	2012-09-14
62	江门市安徽商会	2012-09-14

续　表

序号	商会名称	成立时间
63	无锡市安徽商会	2012-10-26
64	东莞市安徽商会	2012-11-09
65	福州市安徽商会	2012-12-26
66	肇庆市安徽商会	2012-12-26
67	桂林安徽商会	2012-12-28
68	珠海市安徽商会	2013-01-05
69	桐乡市安徽商会	2013-01-13
70	泰州市安徽商会	2013-01-23
71	哈尔滨市安徽商会	2013-01-29
72	东营市安徽商会	2013-01-30
73	龙岩市安徽商会	2013-02-01
74	镇江安徽商会	2013-03-19
75	丹阳市安徽商会	2013-04-08
76	邯郸安徽商会	2013-04-23
77	张家港市安徽商会	2013-05-05
78	黑龙江省安徽商会	2013-05-08
79	吉林市安徽商会	2013-05-15
80	西藏自治区安徽商会	2013-05-24
81	景德镇市安徽商会	2013-06-13
82	巴音郭楞蒙古自治州安徽商会	2013-06-18
83	江阴市安徽商会	2013-07-09

序号	商会名称	成立时间
84	北海安徽商会	2013-10-25
85	延边安徽商会	2013-10-29
86	苏州市吴江区安徽商会	2013-11-04
87	台州市黄岩安徽商会	2013-11-04
88	绍兴市越城区安徽商会	2013-11-13
89	宝鸡市安徽商会	2013-12-02
90	河源市安徽商会	2013-12-25
91	清远市安徽商会	2013-12-26
92	白银市安徽商会	2014-01-07
93	舟山市安徽商会	2014-01-07
94	新疆生产建设兵团安徽商会	2014-01-09
95	兴义安徽商会	2014-01-23
96	淮安市安徽商会	2014-01-29
97	台州市安徽商会	2014-04-18
98	包头安徽商会	2014-05-05
99	长治安徽商会	2014-05-18
100	宜昌市安徽商会	2014-06-05
101	赣州市安徽商会	2014-06-23
102	临汾市安徽商会	2014-06-30
103	湖州市安徽商会	2014-07-18
104	日照市安徽商会	2014-07-29

序号	商会名称	成立时间
105	乐清市安徽商会	2014-07-31
106	岳阳市安徽商会	2014-08-06
107	乐山市安徽商会	2014-08-20
108	南安市安徽商会	2014-09-17
109	毕节市安徽商会	2014-10-11
110	重庆永川区安徽商会	2014-11-26
111	平凉市安徽商会	2014-12-18
112	赤峰安徽商会	2014-12-24
113	济宁市安徽商会	2014-12-31
114	河池市安徽商会	2015-01-07
115	哈密市安徽商会	2015-02-05
116	德清县安徽商会	2015-03-10
117	保定安徽商会	2015-04-14
118	常州市钟楼区安徽商会	2015-04-30
119	葫芦岛市安徽商会	2015-05-18
120	焦作市安徽商会	2015-08-06
121	莎车县安徽商会	2015-08-20
122	烟台市安徽商会	2015-09-02
123	陇南安徽商会	2015-09-19
124	西安市安徽商会	2015-10-16
125	永康市安徽商会	2015-10-21

续　表

序号	商会名称	成立时间
126	河北省安徽商会	2015-10-28
127	济南市安徽商会	2015-12-16
128	十堰市安徽商会	2015-12-17
129	盘锦市安徽商会	2016-01-05
130	如皋市安徽商会	2016-08-01
131	大同市安徽商会	2016-09-09
132	临沂市安徽商会	2016-11-01
133	新乡市安徽商会	2016-12-16
134	衢州市安徽商会	2017-01-01
135	许昌市安徽商会	2017-01-12
136	汉中市安徽商会	2017-01-24
137	汕头市安徽商会	2017-02-13
138	揭阳市安徽商会	2017-02-14
139	扬州市安徽商会	2017-03-13
140	丽水市安徽商会	2017-03-23
141	兴安盟安徽商会	2017-03-28
142	湘西自治州安徽商会	2017-05-26
143	廊坊市安徽商会	2017-07-17
144	张家口安徽商会	2017-07-18
145	石河子安徽商会	2017-08-01
146	上饶市安徽商会	2017-09-05

续　表

序号	商会名称	成立时间
147	奎屯市安徽商会	2017-09-09
148	威海市安徽商会	2017-10-24
149	江山市安徽商会	2017-10-24
150	唐山市安徽商会	2017-11-13
151	孝感市安徽商会	2018-02-07
152	韶关市安徽商会	2018-05-31
153	盐城市安徽商会	2018-05-31
154	锦州市安徽商会	2018-07-16
155	潮州市安徽商会	2018-07-20
156	长兴县安徽商会	2018-08-28
157	泉州安徽商会	2018-09-26
158	慈溪市安徽商会	2018-10-08
159	宿迁市安徽商会	2018-11-22
160	绍兴市安徽商会	2018-11-23
161	九江市安徽商会	2018-11-28
162	金华市安徽商会	2018-12-21
163	象山县安徽商会	2019-02-18
164	鸡西市安徽商会	2019-04-12
165	荆州市安徽商会	2019-04-28
166	长春市安徽商会	2019-05-22
167	杭州市临安区安徽商会	2019-05-27

续　表

序号	商会名称	成立时间
168	扬中市安徽商会	2019-05-27
169	玉林市安徽商会	2019-07-16
170	长沙市安徽商会	2019-08-19
171	大理白族自治州安徽商会	2019-12-18
172	娄底市安徽商会	2020-01-20
173	厦门市安徽商会	2020-02-28
174	辽宁省安徽商会	2020-04-08
175	滨州市安徽商会	2020-05-28
176	南阳安徽商会	2020-07-23
177	宜宾市安徽商会	2020-08-14
178	高邮市安徽商会	2020-09-15
179	桐庐安徽商会	2020-09-27
180	秦皇岛市安徽商会	2020-10-12
181	新疆生产建设兵团第十三师安徽商会	2020-10-23
182	晋城市安徽商会	2020-11-13
183	沧州市安徽商会	2020-12-09
184	泰安市安徽商会	2020-12-31
185	承德市安徽商会	2021-01-05
186	武威市安徽商会	2021-01-06
187	德阳市安徽商会	2021-01-22
188	南通市通州区徽商商会	2021-02-08

序号	商会名称	成立时间
189	第十二师安徽商会	2021-03-16
190	莆田市安徽商会	2021-03-18
191	朝阳市安徽商会	2021-05-08
192	石狮市安徽商会	2021-06-04
193	三明市安徽商会	2021-10-12
194	新昌县安徽商会	2021-11-01
195	邢台市安徽商会	2021-12-22
196	广安市安徽商会	2021-12-30
197	萍乡市安徽商会	2022-04-22
198	常州市金坛区安徽商会	2022-04-25
199	钦州市安徽商会	2022-07-25
200	平顶山市安徽商会	2022-09-15
201	威海市文登区安徽商会	2022-12-02
202	常德市安徽商会	2023-03-09
203	龙口市安徽商会	2023-03-31
204	衡水市安徽商会	2023-04-25
205	潍坊市安徽商会	2023-05-24
206	晋江市安徽商会	2023-08-08
207	张家界市安徽商会	2023-10-13
208	第十师北屯市安徽商会	2023-11-30

（数据主要来自民政部全国社会组织信用信息公示平台）

表2 在国内注册成立的徽商商会

序号	商会名称	成立时间
1	大连徽商商会	2007-07-26
2	甘肃省张掖市徽商商会	2011-03-17
3	淄博徽商商会	2013-12-21
4	齐齐哈尔市徽商商会	2014-01-27
5	天津市滨海新区徽商商会	2014-06-16
6	赤峰徽商商会	2015-02-09
7	大庆市徽商商会	2015-05-25
8	南通市海门区徽商商会	2015-11-24
9	忻州市徽商商会	2016-09-27
10	淄博市周村区徽商商会	2017-06-15
11	平湖市徽商商会	2019-09-30
12	宁波市奉化区徽商商会	2020-01-16
13	南通市通州区徽商商会	2021-02-08

（数据主要来自民政部全国社会组织信用信息公示平台）

表3 安徽省16个地级市的省外异地商会

序号	地级市	商会名称	成立时间
1	合肥	宁波市合肥商会	2015-01-29
2		杭州市合肥商会	2017-10-20
3		无锡市合肥商会	2018-01-02
4		温州市合肥商会	2019-01-11

序号	地级市	商会名称	成立时间
5	合肥	平湖市合肥商会	2019-09-30
6		重庆市安徽合肥商会	2019-12-27
7		湖州市合肥商会	2020-01-14
8		常州市武进区合肥商会	2020-12-26
9		南京市合肥商会	2021-01-19
10		长春市合肥商会	2021-06-23
11		常山县合肥商会	2021-07-08
12		上海市合肥商会	2021-08-10
13		香港合肥同乡联谊会	2022-12-20
14	芜湖	深圳市芜湖商会	2015-02-10
15		广东省安徽芜湖商会	2016-06-20
16		成都芜湖商会	2016-06-27
17		苏州市芜湖商会	2018-01-31
18		南京市芜湖商会	2019-12-11
19		陕西省安徽芜湖商会	2020-06-30
20		天津市安徽芜湖商会	2021-07-14
21		宁波市芜湖商会	2021-09-23
22		海南省芜湖商会	2022-11-22
23		杭州市芜湖商会	2023-06-12
24		西安市芜湖商会	2023-07-03
25	蚌埠	广东省安徽蚌埠商会	2011-09-28

序号	地级市	商会名称	成立时间
26	蚌埠	上海市蚌埠商会	2015-01-29
27		海南省蚌埠商会	2017-10-26
28		东莞市安徽蚌埠商会	2019-05-07
29		西安市蚌埠商会	2021-05-17
30		成都市蚌埠商会	2021-07-15
31		宁波市蚌埠商会	2021-11-19
32		南京市蚌埠商会	2022-04-26
33		厦门市蚌埠商会	2022-09-23
34		常州市武进区蚌埠商会	2023-10-16
35	淮南	上海市安徽淮南商会	2015-06-23
36		东莞市安徽淮南商会	2019-04-30
37		天津市安徽淮南商会	2020-07-22
38		北京淮南企业商会	2021-05-28
39		西安市安徽淮南商会	2022-01-25
40	马鞍山	南京市马鞍山商会	2007-11-15
41		上海市安徽马鞍山商会	2016-01-25
42		徐州市马鞍山商会	2018-01-03
43		深圳市安徽马鞍山商会	2019-07-30
44	淮北	广东省安徽淮北商会	2016-08-17
45		西安市淮北商会	2018-12-29
46		南京市淮北商会	2020-01-21

序号	地级市	商会名称	成立时间
47	淮北	杭州市淮北商会	2022-08-25
48		淮安市淮阴淮北商会	2022-09-28
49	铜陵	上海市铜陵商会	2016-11-14
50		南京市铜陵商会	2016-12-27
51		深圳市安徽铜陵商会	2018-03-08
52		桂林铜陵商会	2018-09-21
53		北京铜陵企业商会	2019-07-15
54		天津市安徽铜陵商会	2022-07-21
55		杭州市铜陵商会	2022-08-31
56		太原市铜陵商会	2023-04-27
57	安庆	南京市安庆商会	2008-04-28
58		西安市安庆商会	2012-08-22
59		福州市安庆商会	2013-05-19
60		湖州市安庆商会	2013-11-29
61		武汉安庆商会	2013-12-26
62		珠海市安徽安庆商会	2014-06-09
63		昆明市安徽安庆商会	2014-11-04
64		南宁安庆商会	2014-12-17
65		济南市安庆商会	2014-12-29
66		深圳市安徽安庆商会	2015-11-26
67		上海市安庆商会	2016-05-31

序号	地级市	商会名称	成立时间
68	安庆	大连金普新区安庆商会	2017-12-14
69		徐州市安庆商会	2018-04-19
70		杭州市安庆商会	2018-10-10
71		义乌市安庆商会	2019-04-17
72		江苏省安徽安庆商会	2019-07-15
73		成都安庆商会	2019-08-08
74		宁波市安庆商会	2020-01-21
75		西藏安徽安庆商会	2020-07-24
76		南通市安庆商会	2021-12-24
77		天津市安徽安庆商会	2022-07-29
78		东莞市安徽安庆商会	2022-08-14
79		南昌市安庆商会	2022-11-08
80		北京安庆企业商会	2023-01-18
81		香港安庆联谊会	2023-05-13
82		海南省安庆商会	2023-05-29
83		长春市安庆商会	2023-10-11
84		黑龙江省安庆商会	2023-12-05
85	黄山	杭州市黄山徽州商会	2015-06-19
86		义乌市徽州商会	2016-11-04
87		南京市黄山商会	2016-12-06
88		宁波市徽州商会	2017-01-25

序号	地级市	商会名称	成立时间
89	黄山	深圳市安徽黄山商会	2017-06-09
90		东莞市安徽黄山商会	2019-01-30
91		成都市黄山商会	2021-11-10
92		西安市黄山商会	2022-06-10
93		广东省安徽黄山商会	2023-01-18
94	阜阳	南京市阜阳商会	2011-04-28
95		济南市阜阳商会	2014-04-23
96		深圳市阜阳商会	2014-04-28
97		上海市阜阳商会	2015-10-24
98		陕西省安徽阜亳商会	2017-01-23
99		温州市阜阳商会	2017-02-20
100		西安市阜阳商会	2017-06-06
101		宁波市阜阳商会	2017-09-06
102		东莞市安徽阜阳商会	2017-10-31
103		江门市安徽阜阳商会	2018-01-23
104		杭州市阜阳商会	2018-02-13
105		天津市安徽阜阳商会	2018-04-03
106		海南省阜阳商会	2018-04-17
107		定边县阜阳商会	2018-08-02
108		义乌市阜阳商会	2018-10-09
109		成都阜阳商会	2019-07-04

续　表

序号	地级市	商会名称	成立时间
110	阜阳	贵阳市花溪区安徽阜阳商会	2019-12-30
111		常州市武进区阜阳商会	2020-10-30
112		郑州市阜阳商会	2021-04-06
113		青岛市阜阳商会	2021-05-06
114		厦门市阜阳商会	2021-07-14
115	宿州	深圳市宿州商会	2010-04-14
116		海口安徽宿州商会	2013-07-12
117		南京市宿州商会	2014-05-19
118		温州市宿州商会	2015-05-25
119		厦门市宿州商会	2015-07-28
120		北京宿州企业商会	2017-02-23
121		西安市宿州商会	2017-10-20
122		东莞市安徽宿州商会	2018-04-16
123		宁波杭州湾新区宿州商会	2018-07-31
124		杭州市宿州商会	2020-12-23
125		天津市安徽宿州商会	2021-08-12
126		郑州市宿州商会	2023-09-01
127	滁州	广东省安徽滁州商会	2011-09-28
128		南京市滁州商会	2012-08-17
129		深圳市安徽滁州商会	2017-01-04
130		上海市滁州商会	2017-09-14

序号	地级市	商会名称	成立时间
131	滁州	乌鲁木齐滁州商会	2018-11-05
132		海南省滁州商会	2020-01-02
133		义乌市滁州商会	2021-03-18
134		成都滁州商会	2021-06-15
135		十二师滁州商会	2022-07-29
136		杭州市滁州商会	2023-04-14
137		无锡市新吴区滁州商会	2023-06-02
138		南通市滁州商会	2023-10-12
139	六安	南京市六安商会	2012-12-31
140		广东省安徽六安商会	2015-07-01
141		温州市六安商会	2016-11-15
142		深圳市安徽六安商会	2016-11-24
143		海南省六安商会	2017-09-01
144		上海市六安商会	2019-03-18
145		西安市六安商会	2023-12-14
146	宣城	南京市宣城商会	2013-03-13
147		广东省安徽宣城商会	2016-12-26
148		海口市安徽宣城商会	2017-05-26
149		海南省宣城商会	2019-11-07
150		上海市宣城商会	2021-03-26
151		宁波市宣城商会	2021-05-14

序号	地级市	商会名称	成立时间
152	宣城	北京宣城企业商会	2023-01-17
153		杭州市宣城商会	2023-10-12
154	池州	宁波市池州商会	2012-02-06
155		北京池州企业商会	2013-04-28
156		东莞市安徽池州商会	2014-11-27
157		沈阳市池州商会	2017-05-11
158		深圳市安徽池州商会	2017-05-24
159		上海市池州商会	2019-07-08
160		杭州池州商会	2019-11-20
161		南京市池州商会	2020-07-27
162		西安市安徽池州商会	2021-06-18
163		广东省安徽池州商会	2023-02-10
164	亳州	深圳市亳州商会	2014-11-14
165		宁波市亳州商会	2015-08-18
166		上海市安徽亳州商会	2015-10-09
167		昆明市安徽亳州商会	2016-04-01
168		海南省亳州商会	2016-12-12
169		杭州市亳州商会	2017-05-11
170		温州市亳州商会	2017-10-24
171		广东省安徽亳州商会	2018-01-11
172		玉林市亳州商会	2018-07-31

序号	地级市	商会名称	成立时间
173		天津市安徽亳州商会	2018-10-08
174		廊坊市亳州商会	2018-10-11
175		乌鲁木齐亳州商会	2018-11-30
176		兴安盟亳州商会	2019-01-01
177		西安市亳州商会	2019-05-08
178		福建省安徽亳州商会	2019-06-04
179		义乌市亳州商会	2019-12-04
180	亳州	成都亳州商会	2020-12-15
181		大连市亳州商会	2021-06-25
182		济南市亳州商会	2021-12-07
183		南阳市亳州商会	2021-12-09
184		南京市亳州商会	2022-01-26
185		衢州市亳州商会	2022-08-11
186		乐清市亳州商会	2023-03-13
187		银川安徽亳州商会	2023-04-07
188		常州市新北区亳州商会	2023-11-29

（数据主要来自民政部全国社会组织信用信息公示平台）

对安徽省16个地级市的省外异地商会分布情况进行简单分析发现，省外异地商会数量排在前三位的分别是安庆市、亳州市、阜阳市。其中，安庆市的省外异地商会数量最多，有28家。此外，亳州市25家，阜阳市21家。

安徽省16个地级市所辖县（县级市）的省外异地商会共计

78家（见表4）。

表4　安徽省16个地级市所辖县（县级市）的省外异地商会

序号	地级市	商会名称	成立时间
1	合肥	徐州市巢湖商会	2011-05-03
2		北京巢湖企业商会	2018-01-03
3		杭州市合肥庐江商会	2019-05-13
4		广东省安徽肥西商会	2022-11-17
5	芜湖	南京市南陵商会	2014-05-06
6		南京市无为商会	2017-03-24
7		南京江宁繁昌商会	2018-10-25
8		天津市安徽无为商会	2019-01-30
9		西安市无为商会	2020-03-25
10		广东省安徽无为商会	2021-01-19
11		上海市无为商会	2022-01-04
12	蚌埠	无锡市新吴区安徽五河商会	2018-01-22
13	马鞍山	广东省安徽和县商会	2019-01-02
14		南京市江北新区和县商会	2020-09-23
15	淮北	上海市安徽濉溪商会	2021-07-20
16	安庆	无锡市滨湖区太湖商会	2005-06-09
17		海口市安徽桐城商会	2015-05-19
18		北京潜山企业商会	2015-12-16
19		西安市桐城商会	2017-07-25
20		广东省安徽怀宁商会	2017-11-23

序号	地级市	商会名称	成立时间
21	安庆	天津市安徽潜山商会	2018-08-27
22		苏州市吴中区安徽太湖商会	2018-12-19
23		深圳市安徽桐城商会	2018-12-24
24		天津市安徽怀宁商会	2019-11-18
25		杭州市安庆岳西商会	2019-12-05
26		广州市安徽桐城商会	2020-05-29
27		青岛西海岸新区望江商会	2020-10-01
28		湖州市吴兴区太湖商会	2020-11-13
29		南京市桐城商会	2021-04-02
30		温州市鹿城区岳西商会	2021-10-14
31		深圳市安徽潜山商会	2021-11-22
32		宁波市海曙区岳西商会	2022-07-01
33		福鼎市桐城商会	2022-11-04
34		宁波市镇海区望江商会	2022-12-02
35	阜阳	深圳市安徽临泉商会	2015-09-15
36		深圳市安徽太和商会	2018-06-11
37		南京市秦淮区界首商会	2019-05-05
38		淳安县界首商会	2020-01-07
39		北京安徽界首企业商会	2021-12-30
40		上海市界首商会	2022-09-21
41	宿州	西安市萧县商会	2017-02-20

序号	地级市	商会名称	成立时间
42	宿州	深圳市安徽泗县商会	2017-09-08
43		杭州市宿州萧县商会	2019-11-21
44		南京市灵璧商会	2021-07-13
45		南通市砀山商会	2021-12-16
46		上海市安徽砀山商会	2023-05-26
47		嘉兴市秀洲区灵璧商会	2023-07-25
48		苏州市吴中区安徽砀山商会	2023-10-16
49	滁州	扬州市天长商会	2013-12-12
50		深圳市天长商会	2015-03-02
51		深圳市全椒商会	2015-05-15
52		深圳市定远商会	2015-05-22
53		南京市来安商会	2017-10-19
54		南京市建邺区天长商会	2018-03-02
55		南京市秦淮区全椒商会	2019-10-11
56		无锡市惠山区天长商会	2019-12-26
57		南京市定远商会	2020-12-17
58		南京市凤阳商会	2021-01-20
59		南京市明光商会	2021-02-24
60	六安	湖州市吴兴区舒城商会	2022-05-24
61		深圳市安徽舒城商会	2023-11-30
62	宣城	深圳市泾县商会	2015-05-15

序号	地级市	商会名称	成立时间
63	宣城	广东省安徽绩溪商会	2019-01-17
64		南京市秦淮区泾县商会	2020-04-03
65		广东省安徽广德商会	2020-04-21
66		无锡市滨湖区广德商会	2021-04-23
67	池州	深圳市安徽东至商会	2017-08-21
68		广东省安徽东至商会	2017-09-20
69		西安市东至商会	2017-10-23
70		广东省安徽青阳商会	2020-05-09
71	亳州	深圳市安徽蒙城商会	2016-05-16
72		北京蒙城企业商会	2016-07-01
73		广东省安徽利辛商会	2016-10-11
74		深圳市安徽涡阳商会	2018-05-04
75		湖州市吴兴区蒙城商会	2018-09-29
76		东莞市安徽利辛商会	2018-10-16
77		南京市秦淮区蒙城商会	2019-04-16
78		南京市涡阳商会	2022-01-25

（数据主要来自民政部全国社会组织信用信息公示平台）

　　在安徽省16个地级市所辖县（县级市）的省外异地商会中，淮南、铜陵、黄山三地均是空白，安庆桐城市的省外异地商会最多。

二、海外徽商组织分布

在海外，各类徽商组织发展快速。据初步统计，截至2023年底，海外徽商组织达到34家（见表5）。

表5　海外徽商组织一览

序号	商会名称	成立时间
1	加拿大安徽商会	2005年
2	日本徽商协会	2006年
3	阿联酋安徽商会	2011年
4	泰国安徽商会	2012年
5	英国安徽商会	2012年
6	新加坡安徽商会	2014年
7	印度尼西亚安徽商会	2015年
8	俄罗斯莫斯科安徽商会	2015年
9	美国安徽商会	2015年
10	澳大利亚徽商总会	2016年
11	澳大利亚安徽总商会	2016年
12	新西兰徽州商会	2016年
13	俄罗斯圣彼得堡安徽商会	2016年
14	全美徽商联合会	2017年
15	海湾国家安徽总商会	2017年
16	安徽华人华侨(德国)联谊会	2017年

续 表

序号	商会名称	成立时间
17	瑞典安徽科技商业协会	2018年
18	塞尔维亚安徽商会	2018年
19	安哥拉安徽商会	2018年
20	芬兰安徽商会	2018年
21	菲律宾安徽商会	2018年
22	越南中国商会安徽企业联合会	2018年
23	日本安庆商会	2019年
24	尼日利亚安徽商会	2019年
25	柬埔寨安庆侨商联谊会	2020年
26	泰国安庆商会	2021年
27	阿联酋安庆商会	2021年
28	巴西安庆商会	2022年
29	印尼安庆商会	2022年
30	匈牙利安徽商会	2023年
31	美国安庆商会	2023年
32	越南安庆同乡会	2023年
33	尼日利亚安庆商会	2023年
34	菲律宾安庆联谊会	2023年

（数据由安徽财经大学新徽商研究中心整理）

三、商会组织建设创新高

各徽商组织认真开展以"政治引领好、队伍建设好、服务发展好、自律规范好"为主要内容的"四好"商会建设，其中北京安徽企业商会、保定安徽商会、邯郸安徽商会、山西安徽商会、晋城市安徽商会、上海市安徽商会、南京市安徽商会、徐州市安徽商会、常州市安徽商会、苏州市安徽商会、扬州市安徽商会、镇江安徽商会、扬中市安徽商会、宁波市安徽商会、江西省安徽商会、青岛市安徽商会、威海市安徽商会、河南省安徽商会、洛阳市安徽商会、新乡市安徽商会、十堰市安徽商会、中山市安徽商会、海南省安徽商会、重庆市安徽商会、重庆市安徽合肥商会、曲靖市安徽商会、新疆生产建设兵团第十三师安徽商会、嘉兴市安徽商会、张家港市安徽商会、淄博徽商商会、福建省安徽商会等被认定为全国"四好"商会。

截至2023年底，广东省安徽商会、海南省安徽商会、上海市安徽商会、湖南省安徽商会、贵州省安徽商会、江苏省安徽商会、北京安徽企业商会、湖北省安徽商会、吉林省安徽商会、陕西省安徽商会、青岛市安徽商会、苏州市安徽商会、杭州市安徽商会、中山市安徽商会、温州市安徽商会、大连徽商商会、常州市安徽商会、宁波市安徽商会、广州市安徽商会、淄博徽商商会、嘉兴市安徽商会、桐乡市安徽商会等荣获"5A"级（即AAAAA级，是民政部门对社会组织等级评估的最高级别）商会称号。

四、商会区域联盟活动不断

2023年，全国徽商组织区域联盟活动很多。各徽商组织不断强化区（地）域之间的合作交流，主要呈现两种态势：一是区域性商会之间的联盟、交流与论坛活动增加，如首届全球徽商上海论坛、首届亚太徽商自贸港高峰论坛、徽商西湖论坛、徽联汇等；二是地域性商会之间的联盟活动增多，如全国宜商（安庆商会）联盟、全国阜阳商会联盟、全国池州商会联盟等。

1.安徽国际徽商交流协会

安徽国际徽商交流协会一直致力于通过多种活动和宣传，促进徽商平台的建设，扩大徽商的影响力，推动徽商商会的健康发展，促进商会区域联盟活动。

2023年7月12日，2023年徽商调研暨夏季秘书长研讨会在广西南宁召开，有关领导以及来自全国32家异地安徽商会的会长、副会长、秘书长等参加了会议。与会人员就徽商组织建设和助力徽商高质量发展进行了深入交流。

2023年7月30日，2023年徽商调研暨夏季秘书长研讨会在江西共青城召开，有关领导以及来自全国40余家安徽商会的秘书长等出席会议。为加快徽商平台建设，推进安徽"双招双引"工作，与会人员分别从近几年商会工作、品牌宣传、助力安徽"双招双引"、徽商大数据统计等多个角度畅谈看法，并就商会的发展情况和遇到的问题作了交流，为推进徽商商会建设提出了新的思路。大家一致表示将继续加强平台建设，建设全国徽商有效互动互联的大平台，运用好各类宣传媒体，为徽商品牌增光添彩，贡献力量。

2. 徽联汇

2023年9月26日，由徽联汇承办的"金种子"2023徽联汇新徽商企业家（秋季）论坛暨中秋晚会在嘉兴举行，来自全国各地的徽亲、徽友等200余人应邀出席了此次活动。徽联汇联合发起人、安徽财经大学新徽商研究中心主任王唤明代表主办方致辞。徽联汇理事、安徽金种子酒业股份有限公司党委书记、总经理何秀侠，浙江省安徽商会执行会长韩成全，嘉兴市安徽商会会长吕焕志，镇江安徽商会执行会长李定宏，景德镇市安徽商会会长刘福领等围绕商会赋能徽商发展、助力徽商回归等话题开展了交流。

3. 南京徽商会长联盟

2023年10月28日，南京徽商会长联盟工作会议在南京召开，并选举新一任联盟执行主席。出席会议的联盟成员有南京市安徽商会、蚌埠商会、亳州商会、池州商会、定远商会、繁昌商会、阜阳商会、涡阳商会、合肥商会、黄山商会、淮北商会、界首商会、六安商会、来安商会、灵璧商会、马鞍山商会、蒙城商会、南陵商会、全椒商会、宿州商会、天长商会、桐城商会、芜湖商会、无为商会、宣城商会、淮南商会（筹）会长，联盟秘书长、执行副秘书长、副秘书长列席会议。会上，池州商会秘书长曹栋采介绍了安徽财经大学新徽商研究中心与南京徽商会长联盟共建新徽商江苏研究中心合作框架，合作将围绕江苏新徽商人物、新徽商企业、徽商商会、新徽商数据库、名人堂、网站、电子刊物、论坛搭建等内容展开。

4.首届全球徽商上海论坛

2023年3月22日，上海市安徽商会会员大会暨首届全球徽商上海论坛在上海国际会议中心举行。千名徽商、两院院士、沪皖两地相关领导、在沪省级商会和多地安徽商会会长、15个国家驻沪总领事及代表、知名跨国公司负责人等1200余人参加大会。会上，19位嘉宾围绕新时代机遇、"两个健康"、长三角一体化等热门话题作重要分享。在主旨演讲环节，中国工程院院士、上海交通大学副校长、上海交通大学医学院院长范先群，中国科学院院士、发展中国家科学院院士、安徽师范大学校长李亚栋，美的集团董事长兼总裁方洪波，蔚来创始人、董事长李斌，月星集团董事局主席、上海市江苏商会会长丁佐宏，科大讯飞董事长刘庆峰等分别做主题分享。

5.首届亚太徽商自贸港高峰论坛

2023年4月13—15日，由三亚安徽商会主办的首届亚太徽商自贸港高峰论坛暨"双招双引"活动在海南博鳌亚洲论坛国际会议中心举行。来自亚太地区20多个国家驻华大使及代表、国内外300余位徽商企业家、30个政府"双招双引"代表团以及自贸港各行业代表参会。新时代、新徽商，新科技、新超越，本次论坛大力促进亚太地区徽商的深度融合与抱团发展，本着商会搭台、政府企业共赢的服务理念，以昂扬的姿态迎接海南自贸港封关运作。

6.徽商西湖论坛

2023年4月14日，杭州市安徽商会举行会员大会暨徽商西湖论坛。作为工商联基层组织，商会在服务"两个健康"、助推民营经济高质量发展中具有重要作用。杭州市安徽商会自2006年成立以来，充分发挥平台作用，为团结带领在杭徽商根植杭州、广通资源、锐意进取作出了积极贡献。2022年，杭州市安徽商会设立"徽商书院"，助力打造学习型商会组织。本届徽商西湖论坛会聚了政界、学界专业人士及在杭皖籍企业家，与会人员聚焦当下热点，共谋发展之策，为杭州市安徽商会会员企业发展注入了新动能。

7.第二届中国宜商大会暨宜商总会成立大会

2023年4月4日，第二届中国宜商大会暨宜商总会成立大会在安庆举行。近600名宜商代表会聚美丽宜城，共谋安庆未来。本次大会以"协同发展 共创未来"为主题，会上宣读了当选的宜商总会班子成员名单，举行了宜商总会揭牌仪式。每年举办中国宜商大会，是安庆市委、市政府"内搭平台，外联老乡"的制度性安排。本次大会上有24个宜商项目集中签约。2023年以来，各地宜商情系家乡、携手共赢，为安庆发展作出了重要贡献。据不完全统计，2023全年宜商回归投资项目62个，协议总投资额298亿元。

8.全国池州商会联盟第三次会议

2023年3月18日，为进一步凝聚池商力量，服务池商发展，助力家乡建设，全国池州商会联盟第三次会议暨西安市安徽池州商会成立大会在西安举行。会议期间召开了池州商会联盟"双招双引"座谈会，与会代表就池州产业发展、营商环境、招商引资等进行了深入交流，各地池州商会代表纷纷建言献策，为助力池州招商引资、招才引智工作出谋划策。

9.第五届全国异地黄山（徽州）商会会长座谈会

2023年12月18日，黄山市召开"聚焦大黄山 同心促发展"

第五届全国异地黄山（徽州）商会会长座谈会，全国异地黄山（徽州）商会会长及企业家等30余人参加会议。与会嘉宾畅叙乡情乡谊、共谋未来发展，大家一致认为要充分发挥商会凝聚人心、汇聚力量的优势作用，调动广大乡贤的积极性、主动性和创造性，把握机遇，精准对接，努力做到企业发展与全市发展同频共振，画好发展"同心圆"；要全力构建信息、维权、融资、交流学习等平台，利用人脉资源、信息资源，积极主动宣传推介黄山，为家乡发展牵线搭桥、穿针引线，架起合作"连心桥"；要当好徽商精神的传承者与践行者，把企业发展与社会发展、个人富裕与共同富裕、市场法则与责任道德统一起来，在促进共同富裕中展现担当、作出贡献。

10. 全国桐城商会联盟成立大会

2023年12月23日，深圳市安徽桐城商会换届大会暨全国桐城商会联盟成立大会在深圳举行。比亚迪集团高级副总裁、乘用车事业群首席运营官何志奇，深圳市安徽商会会长、深圳市新国都股份有限公司董事长江汉，以及来自全国各地的桐城商会代表，在深、在粤兄弟商会代表，深圳市安徽桐城商会全体会员等300余人参会。

徽商企业

一、2023年徽商企业上市分析

企业上市虽然与企业的实力并非密切相关，但总体来说，上市企业的形象优于未上市企业，上市企业的数量与当地的经济发展、产业发展、营商环境、城市竞争力、城市形象、发展活力等密切相关。徽商上市企业提升了徽商整体形象，引领了相关产业的发展。

据初步统计，截至2023年底，各类徽商上市企业近300家，其中省内200家，省外近100家。2023年，全国新增各类徽商上市企业20家。

(一) 安徽辖区上市企业

根据中国证监会安徽监管局（安徽证监局）的统计数据，截至2024年3月31日，安徽辖区上市企业有176家（见表6），首发在审企业16家。

表6 安徽辖区上市企业

序号	证券代码	证券简称	上市板
1	000153	丰原药业	主板
2	000417	合肥百货	主板
3	000521	长虹美菱	主板
4	000543	皖能电力	主板
5	000596	古井贡酒	主板
6	000619	海螺新材	主板
7	000630	铜陵有色	主板
8	000713	丰乐种业	主板
9	000728	国元证券	主板
10	000850	华茂股份	主板
11	000859	国风新材	主板
12	000868	安凯客车	主板
13	000887	中鼎股份	主板
14	000930	中粮科技	主板
15	001217	华尔泰	主板
16	001226	拓山重工	主板
17	001230	劲旅环境	主板
18	001311	多利科技	主板
19	002005	ST德豪	主板
20	002014	永新股份	主板
21	002042	华孚时尚	主板

序号	证券代码	证券简称	上市板
22	002057	中钢天源	主板
23	002074	国轩高科	主板
24	002136	安纳达	主板
25	002140	东华科技	主板
26	002171	楚江新材	主板
27	002208	合肥城建	主板
28	002226	江南化工	主板
29	002230	科大讯飞	主板
30	002298	中电兴发	主板
31	002331	皖通科技	主板
32	002347	泰尔股份	主板
33	002361	神剑股份	主板
34	002538	司尔特	主板
35	002541	鸿路钢构	主板
36	002555	三七互娱	主板
37	002556	辉隆股份	主板
38	002557	洽洽食品	主板
39	002571	德力股份	主板
40	002597	金禾实业	主板
41	002607	中公教育	主板
42	002690	美亚光电	主板

序号	证券代码	证券简称	上市板
43	002743	富煌钢构	主板
44	002817	黄山胶囊	主板
45	002969	嘉美包装	主板
46	002983	芯瑞达	主板
47	002997	瑞鹄模具	主板
48	003020	立方制药	主板
49	003027	同兴环保	主板
50	003038	鑫铂股份	主板
51	300009	安科生物	创业板
52	300087	荃银高科	创业板
53	300088	长信科技	创业板
54	300134	大富科技	创业板
55	300218	安利股份	创业板
56	300247	融捷健康	创业板
57	300274	阳光电源	创业板
58	300344	立方数科	创业板
59	300388	节能国祯	创业板
60	300452	山河药辅	创业板
61	300475	香农芯创	创业板
62	300520	科大国创	创业板
63	300577	开润股份	创业板

序号	证券代码	证券简称	上市板
64	300595	欧普康视	创业板
65	300692	中环环保	创业板
66	300783	三只松鼠	创业板
67	300815	玉禾田	创业板
68	300816	艾可蓝	创业板
69	300835	龙磁科技	创业板
70	300862	蓝盾光电	创业板
71	300877	金春股份	创业板
72	300883	龙利得	创业板
73	300886	华业香料	创业板
74	300929	华骐环保	创业板
75	300956	英力股份	创业板
76	301049	超越科技	创业板
77	301108	洁雅股份	创业板
78	301129	瑞纳智能	创业板
79	301167	建研设计	创业板
80	301217	铜冠铜箔	创业板
81	301234	五洲医疗	创业板
82	301297	富乐德	创业板
83	301321	翰博高新	创业板
84	301408	华人健康	创业板

序号	证券代码	证券简称	上市板
85	301429	森泰股份	创业板
86	430478	峪一药业	北证
87	430489	佳先股份	北证
88	430718	合肥高科	北证
89	600012	皖通高速	主板
90	600054	黄山旅游	主板
91	600063	皖维高新	主板
92	600199	金种子酒	主板
93	600218	全柴动力	主板
94	600237	铜峰电子	主板
95	600255	鑫科材料	主板
96	600318	新力金融	主板
97	600375	汉马科技	主板
98	600418	江淮汽车	主板
99	600444	国机通用	主板
100	600470	六国化工	主板
101	600496	精工钢构	主板
102	600502	安徽建工	主板
103	600520	文一科技	主板
104	600551	时代出版	主板
105	600552	凯盛科技	主板

续　表

序号	证券代码	证券简称	上市板
106	600567	山鹰国际	主板
107	600575	淮河能源	主板
108	600577	精达股份	主板
109	600585	海螺水泥	主板
110	600761	安徽合力	主板
111	600808	马钢股份	主板
112	600909	华安证券	主板
113	600935	华塑股份	主板
114	600971	恒源煤电	主板
115	600983	惠而浦	主板
116	600985	淮北矿业	主板
117	600990	四创电子	主板
118	601606	长城军工	主板
119	601801	皖新传媒	主板
120	601918	新集能源	主板
121	603011	合锻智能	主板
122	603031	安孚科技	主板
123	603110	东方材料	主板
124	603150	万朗磁塑	主板
125	603198	迎驾贡酒	主板
126	603199	九华旅游	主板

序号	证券代码	证券简称	上市板
127	603308	应流股份	主板
128	603356	华菱精工	主板
129	603357	设计总院	主板
130	603429	集友股份	主板
131	603527	众源新材	主板
132	603589	口子窖	主板
133	603596	伯特利	主板
134	603599	广信股份	主板
135	603656	泰禾智能	主板
136	603689	皖天然气	主板
137	603768	常青股份	主板
138	603801	志邦家居	主板
139	603815	交建股份	主板
140	605108	同庆楼	主板
141	605189	富春染织	主板
142	688027	国盾量子	科创板
143	688077	大地熊	科创板
144	688162	巨一科技	科创板
145	688165	埃夫特-U	科创板
146	688219	会通股份	科创板
147	688251	井松智能	科创板

续 表

序号	证券代码	证券简称	上市板
148	688352	颀中科技	科创板
149	688367	工大高科	科创板
150	688403	汇成股份	科创板
151	688416	恒烁股份	科创板
152	688419	耐科装备	科创板
153	688486	龙迅股份	科创板
154	688551	科威尔	科创板
155	688586	江航装备	科创板
156	688600	皖仪科技	科创板
157	688630	芯碁微装	科创板
158	688639	华恒生物	科创板
159	688659	元琛科技	科创板
160	688679	通源环境	科创板
161	688733	壹石通	科创板
162	688768	容知日新	科创板
163	831856	浩森科技	北证
164	832000	安徽凤凰	北证
165	835892	中科美菱	北证
166	870357	雅葆轩	北证
167	871981	晶赛科技	北证
168	688249	晶合集成	科创板

序号	证券代码	证券简称	上市板
169	001282	三联锻造	主板
170	688582	芯动联科	科创板
171	688610	埃科光电	科创板
172	301519	舜禹股份	创业板
173	301529	福赛科技	创业板
174	301520	万邦医药	创业板
175	300422	博世科	创业板
176	001387	雪祺电气	主板

〔数据来自中国证监会安徽监管局（安徽证监局）〕

（二）香港及海外徽商上市企业

　　截至 2024 年 3 月 31 日，在香港上市的徽商企业有 19 家（含 3 家 A+H 股）（见表 7），在海外上市的徽商企业有 5 家（见表 8）。境外上市是资本市场对外开放的重要组成部分，对支持企业融入全球化发展、建设高水平开放型经济新体制、加快构建新发展格局具有积极意义。

表 7　香港徽商上市企业

序号	证券简称	证券代码	上市地
1	马鞍山钢铁股份	00323	港交所(A+H)
2	海螺创业	00586	港交所(H)
3	海螺环保	00587	港交所(H)
4	中国东方教育	00667	港交所(H)

序号	证券简称	证券代码	上市地
5	海螺水泥	00914	港交所（A+H）
6	安徽皖通高速	00995	港交所（A+H）
7	信义光能	00968	港交所（H）
8	现代牧业	01117	港交所（H）
9	中环新能源	01735	港交所（H）
10	中国新华教育	02779	港交所（H）
11	徽商银行	03698	港交所（H）
12	信义能源	03868	港交所（H）
13	宝申控股	08151	港交所（H）
14	倍搏集团	08331	港交所（H）
15	远航港口	08502	港交所（H）
16	蔚来-SW	09866	港交所（H）
17	维天运通	02482	港交所（H）
18	淮北绿金股份	02450	港交所（H）
19	美瑞健康国际	02327	港交所（H）

（数据由安徽财经大学新徽商研究中心整理）

表8　海外徽商上市企业

序号	证券简称	证券代码	上市地
1	优升新能源	UCAR	纳斯达克
2	艺盟科技	ACG	纳斯达克
3	华米科技	HMI	纽交所

序号	证券简称	证券代码	上市地
4	蔚来汽车	NIO	纽交所
5	国轩高科	GDR	瑞交所

（数据由安徽财经大学新徽商研究中心整理）

（三）省外徽商上市企业

据初步统计，省外徽商上市企业中，广东省徽商上市企业最多，而且大多数是制造型和科技型企业，这与珠三角地区制造业的发展有很大关联。省外徽商上市企业分布见表9、表10、表11、表12、表13所示。

表9　广东省徽商上市企业

序号	证券简称	证券代码	徽商
1	比亚迪	A股：002594 H股：01211	王传福
2	比亚迪电子	00285	王传福
3	融捷股份	002192	吕向阳
4	迈瑞医疗	300760	李西廷
5	科达制造	600499	边程
6	长盈精密技术	300115	陈奇星
7	易事特	300376	何思模
8	歌力思服饰	603808	夏国新
9	冰川网络	300533	刘和国
10	达实智能	002421	刘磅

续　表

序号	证券简称	证券代码	徽商
11	赛为智能	300044	周勇
12	名家汇	300506	程宗玉
13	正威新材	002201	王文银
14	大富科技	300134	孙尚传
15	光汇石油	00933	薛光林
16	中盈盛达	01543	吴列进
17	天源迪科	300047	陈友
18	英唐智能	300131	胡庆周
19	雷士国际	02222	王冬雷
20	新国都	300130	江汉
21	协创数据	300857	耿四化
22	澳亚食品股份	AFC（NZAX）	夏阳
23	澳洲三和建材	APX 819	夏阳
24	美的集团	000333	方洪波
25	海普瑞	002399	李坦
26	华孚时尚	002042	陈玲芬
27	科思科技	688788	刘建德
28	美盈森	002303	王海鹏
29	振邦智能	003028	陈志杰
30	明微电子	688699	王乐康
31	盛弘股份	300693	方兴

序号	证券简称	证券代码	徽商
32	佳士科技	300193	潘磊
33	汇川技术	300124	唐柱学
34	创世纪	300083	夏军

（数据由安徽财经大学新徽商研究中心整理）

表10 江苏省徽商上市企业

序号	证券简称	证券代码	徽商
1	ST易购	002024	张近东
2	乐购仕	日本：ラオックス【8202】	张近东
3	苏宁环球	000718	张桂平
4	RedRover	韩国：RedRover	张桂平
5	丰盛控股	00607	季昌群
6	中国高速传动	00658	季昌群
7	雨润食品	01068	祝义财
8	中央商场	600280	祝义财
9	雅迪控股	01585	董经贵
10	中信博	688408	蔡浩
11	味知香	605089	夏靖
12	寒锐钴业	300618	梁杰
13	东星医疗	301290	方世平

（数据由安徽财经大学新徽商研究中心整理）

表11　上海市徽商上市企业

序号	证券简称	证券代码	徽商
1	飞凯材料	300398	张金山
2	微盟集团	02013	孙涛勇
3	中国物流资产	01589	李士发
4	巨人网络	002558	史玉柱
5	蔚来	NASDAQ：NIO	李斌
6	巴比食品	605338	刘会平
7	风语筑	603466	李晖
8	叮咚买菜	DDL	梁昌霖
9	龙韵股份	603729	余亦坤
10	宝立食品	603170	马驹
11	凯赛生物	688065	刘修才
12	阿为特	873693	汪彬慧
13	儒竞科技	301525	雷淮刚

（数据由安徽财经大学新徽商研究中心整理）

表12　浙江省徽商上市企业

序号	证券简称	证券代码	徽商
1	兑吧	01753	陈晓亮
2	云集	NASDAQ：YJ	肖尚略
3	皇庭智家	01575	邹格兵
4	激智科技	300566	张彦

序号	证券简称	证券代码	徽商
5	ST天邦	002124	张邦辉
6	长阳科技	688299	金亚东
7	美诺华	603538	姚成志
8	奥锐特	605116	彭志恩
9	亿帆医药	002019	程先锋

（数据由安徽财经大学新徽商研究中心整理）

表13　全国其他地方徽商上市企业

序号	证券简称	证券代码	徽商
1	神话世界	00582	仰智慧
2	远航港口	08502	桂四海
3	布莱克万矿业	00159	桂四海
4	珍宝岛	603567	方同华
5	联想集团	00992	杨元庆
6	老虎证券	NASDAQ：TIGR	巫天华
7	三人行	605168	钱俊冬
8	悦康药业	688658	于伟仕
9	国光电气	688776	张亚
10	奥福环保	688021	潘吉庆
11	雍禾医疗	02279	张玉
12	沃尔德	688028	陈继锋

续　表

序号	证券简称	证券代码	徽商
13	华天科技	002185	肖胜利
14	思科瑞	688053	张亚
15	华闻集团	000793	汪方怀
16	尚纬股份	603333	李广胜
17	易车	NYSE：BITA	李斌
18	易鑫集团	02858	李斌
19	振华风光	688439	张亚
20	睿创微纳	688002	方平

（数据由安徽财经大学新徽商研究中心整理）

（四）2023年新增徽商上市企业

2023年，全国新增各类徽商上市企业20家，具体名单如下：

2023年1月20日，淮北绿金产业投资股份有限公司在香港联合交易所主板首发上市，成为安徽省淮北市第一家登陆香港股票市场的企业。（证券简称：淮北绿金股份；证券代码：02450）

2023年2月21日，龙迅半导体（合肥）股份有限公司鸣锣上海证券交易所，成功在科创板上市。龙迅股份是2023年安徽省首家A股上市企业，也是合肥经开区首家科创板上市企业。（证券简称：龙迅股份；证券代码：688486）

2023年2月23日，滁州天长市企业安徽岭一药业股份有限公司在北京证券交易所上市，这是2023年安徽省首家北京证券交易所上市公司。（证券简称：岭一药业；证券代码：430478）

2023 年 2 月 27 日，滁州多利汽车科技股份有限公司在深圳证券交易所主板上市。（证券简称：多利科技；证券代码：001311）

2023 年 3 月 1 日，安徽华人健康医药股份有限公司在深圳证券交易所创业板上市。（证券简称：华人健康；证券代码：301408）

2023 年 3 月 9 日，合肥维天运通信息科技股份有限公司在香港联合交易所主板上市，成为"港股兔年第一股"，也是港股"数字货运第一股"。（证券简称：维天运通；证券代码：02482）

2023 年 4 月 17 日，国内木塑复合材料、石木塑复合材料领域龙头企业安徽森泰木塑集团股份有限公司在深圳证券交易所创业板上市。（证券简称：森泰股份；证券代码：301429）

2023 年 4 月 20 日，安徽优升新能源科技集团有限公司鸣锣美国纳斯达克，这是芜湖首家在美国上市的公司，也是安徽省第一家在纳斯达克上市的公司。（证券简称：优品车；证券代码：UCAR）

2023 年 4 月 20 日，合肥颀中科技股份有限公司鸣锣上海证券交易所，在科创板上市。（证券简称：颀中科技；证券代码：688352）

2023 年 5 月 5 日，合肥晶合集成电路股份有限公司在上海证券交易所科创板上市，成为安徽省首家成功登陆资本市场的纯晶圆代工企业。（证券简称：晶合集成；证券代码：688249）

2023 年 5 月 24 日，芜湖三联锻造股份有限公司在深圳证券交易所主板上市，这是 2023 年芜湖市首家 A 股上市企业。（证券简称：三联锻造；证券代码：001282）

2023 年 6 月 12 日，铜陵兢强电子科技股份有限公司通过北京证券交易所直联机制审核，在全国中小企业股份转让系统挂牌，是安徽省第一家申请适用该机制挂牌的企业。（证券简称：兢强科技；证券代码：874111）

2023年6月30日，作为国产高性能惯性传感器"隐形冠军"，安徽芯动联科微系统股份有限公司在上海证券交易所科创板上市。（证券简称：芯动联科；证券代码：688582）

2023年7月19日，合肥埃科光电科技股份有限公司在上海证券交易所科创板上市。（证券简称：埃科光电；证券代码：688610）

2023年7月27日，安徽舜禹水务股份有限公司在深圳证券交易所创业板上市。（证券简称：舜禹股份；证券代码：301519）

2023年8月30日，上海儒竞科技股份有限公司在深圳证券交易所创业板上市。（证券简称：儒竞科技；证券代码：301525）

2023年9月11日，芜湖福赛科技股份有限公司在深圳证券交易所创业板上市。（证券简称：福赛科技；证券代码：301529）

2023年9月25日，安徽万邦医药科技股份有限公司在深圳证券交易所创业板上市。（证券简称：万邦医药；证券代码：301520）

2023年10月27日，上海阿为特精密机械股份有限公司在北京证券交易所上市。（证券简称：阿为特；证券代码：873693）

2023年11月5日，广西环保上市公司博世科从广西南宁迁至安徽宁国，并将公司名由"广西博世科环保科技股份有限公司"变更为"安徽博世科环保科技股份有限公司"。（证券简称：博世科；证券代码：300422）

二、2023 年《财富》世界 500 强中的徽商企业

2023 年 8 月 2 日，财富 Plus App 全球同步发布了"2023 年《财富》世界 500 强"排行榜。这是《财富》杂志第 29 次发布这份全球大公司排行榜，共有 6 家徽商企业上榜（见表 14），其中 2 家安徽本土企业跻身世界 500 强榜单。对比 2022 年的排名，2023 年上榜的 6 家徽商企业排名都有变化。

表 14　"2023 年《财富》世界 500 强"中的徽商企业

序号	企业名称	2023 年排名	2022 年排名
1	正威国际集团有限公司	124	76
2	比亚迪股份有限公司	212	436
3	联想集团有限公司	217	171
4	美的集团股份有限公司	278	245
5	铜陵有色金属集团控股有限公司	436	400
6	安徽海螺集团有限责任公司	464	353

（数据由安徽财经大学新徽商研究中心整理）

三、2023 年中国企业 500 强中的徽商企业

2023 年 9 月 20 日，中国企业联合会、中国企业家协会发布"2023 中国企业 500 强"榜单。

2023 年，中国企业 500 强规模继续保持增长态势，营业收入总额达 108.36 万亿元，较 2022 年增长 5.74%；资产总额为 399.77

万亿元，较2022年增加了27.24万亿元，增长7.31%。榜单入围门槛连续21年提高，"2023中国企业500强"榜单入围门槛为年营业收入469.98亿元，比2022年增加23.73亿元。千亿级企业首次超过50%。"2023中国企业500强"榜单中年营业收入超过1000亿元的企业数量增至254家，净增10家。安徽财经大学新徽商研究中心通过对该榜单的分析发现，有13家徽商企业上榜（见表15）。

表15 "2023中国企业500强"中的徽商企业

序号	企业名称	2023年排名	2022年排名
1	正威国际集团有限公司	37	25
2	联想控股股份有限公司	57	51
3	比亚迪股份有限公司	65	122
4	美的集团股份有限公司	81	77
5	铜陵有色金属集团控股有限公司	119	113
6	安徽海螺集团有限责任公司	123	104
7	奇瑞控股集团有限公司	176	237
8	安徽建工集团控股有限公司	285	311
9	淮北矿业(集团)有限责任公司	305	224
10	淮河能源控股集团有限责任公司	346	372
11	安徽省交通控股集团有限公司	355	495
12	贝壳控股有限公司	376	—
13	六安钢铁控股集团有限公司	483	417

（数据由安徽财经大学新徽商研究中心整理）

四、2023年中国民营企业500强中的徽商企业

2023年9月12日，由全国工商联、山东省人民政府共同主办的2023中国民营企业500强峰会暨全国优强民营企业助力山东绿色低碳高质量发展大会在济南召开，会上发布了"2023中国民营企业500强"榜单、"2023中国制造业民营企业500强"榜单和"2023中国服务业民营企业100强"榜单。安徽财经大学新徽商研究中心通过梳理发现，共有14家徽商企业入选"2023中国民营企业500强"榜单（见表16），上榜企业数量与2022年相同，但入围企业和名次发生了一定的变化。

表16　"2023中国民营企业500强"中的徽商企业

序号	企业名称	排名
1	正威国际集团有限公司	4
2	联想控股股份有限公司	9
3	比亚迪股份有限公司	10
4	美的集团股份有限公司	15
5	贝壳控股有限公司	178
6	六安钢铁控股集团有限公司	246
7	雅迪科技集团有限公司	259
8	安徽楚江科技新材料股份有限公司	297
9	阳光电源股份有限公司	304
10	合肥维天运通信息科技股份有限公司	359
11	山鹰国际控股股份公司	361

续　表

序号	企业名称	排名
12	安徽天大企业(集团)有限公司	384
13	金鹏控股集团有限公司	439
14	深圳迈瑞生物医疗电子股份有限公司	451

（数据由安徽财经大学新徽商研究中心整理）

五、2023年《财富》中国500强中的徽商企业

2023年7月25日，"2023年《财富》中国500强"榜单发布。2023年，该榜单开放申报，采用与"2023年《财富》世界500强"榜单一脉相承的制榜方法，同时包括了上市和非上市企业。2023年500家上榜的中国企业的总营业收入达到15万亿美元，净利润达到7171亿美元。

安徽财经大学新徽商研究中心通过对榜单的对比分析发现，"2023年《财富》中国500强"中的徽商企业总数有21家（见表17），其中省内14家，省外7家。

表17　"2023年《财富》中国500强"中的徽商企业

序号	企业名称	排名
1	正威国际集团有限公司	38
2	比亚迪股份有限公司	66
3	联想集团有限公司	67
4	美的集团股份有限公司	82
5	铜陵有色金属集团控股有限公司	125

序号	企业名称	排名
6	安徽海螺集团有限责任公司	131
7	奇瑞控股集团有限公司	168
8	安徽建工集团股份有限公司	232
9	苏宁易购集团股份有限公司	248
10	淮北矿业控股股份有限公司	252
11	徽商银行股份有限公司	253
12	贝壳控股有限公司	267
13	蔚来集团	305
14	安徽楚江科技新材料股份有限公司	340
15	阳光电源股份有限公司	344
16	安徽江淮汽车集团股份有限公司	368
17	山鹰国际控股股份公司	390
18	雅迪集团控股有限公司	414
19	深圳迈瑞生物医疗电子股份有限公司	425
20	淮河能源(集团)股份有限公司	472
21	安徽省皖能股份有限公司	484

（数据由安徽财经大学新徽商研究中心整理）

六、2023年长三角百强企业中的徽商企业

2023年12月6日，上海市企业联合会、上海市企业家协会、江苏省企业联合会、江苏省企业家协会、浙江省企业联合会、浙

江省企业家协会、安徽省企业联合会和安徽省企业家联合会在中国金融信息中心联合召开 2023 长三角百强企业新闻发布会。会上公布了"2023 长三角企业 100 强""2023 长三角制造业企业 100 强""2023 长三角服务业企业 100 强"等榜单，其中有 9 家徽商企业入选"2023 长三角企业 100 强"榜单（见表 18）。

表18　"2023 长三角企业 100 强"中的徽商企业

序号	企业名称	2023年排名	2022年排名
1	铜陵有色金属集团控股有限公司	21	21
2	安徽海螺集团有限责任公司	24	20
3	联宝(合肥)电子科技有限公司	37	37
4	奇瑞控股集团有限公司	45	65
5	中铁四局集团有限公司	59	58
6	欧冶链金再生资源有限公司	66	—
7	全威(铜陵)铜业科技有限公司	—	70
8	美的集团芜湖公司	81	74
9	安徽建工集团控股有限公司	83	94
10	淮北矿业(集团)有限责任公司	91	96

（数据由安徽财经大学新徽商研究中心整理）

七、2023 年徽商百强榜

安徽财经大学新徽商研究中心、安徽江南徽商研究院通过对各级工商联、企联的百强企业排行榜进行梳理分析（本次统计未包括烟草和国网公司），结合上市公司公开年报，推出一年一度的徽商百强榜（见表19）。2023年徽商百强榜的入围门槛超过110亿元（年营业收入），其中有10家徽商企业年营业收入超过千亿元。该榜单中，上市企业有57家，非上市企业有43家。

表19　2023年徽商百强榜

排名	企业名称	控制人（董事长）	年营业收入/亿元	是否上市
1	正威国际集团有限公司	王文银	6087.60	是
2	比亚迪股份有限公司	王传福	6023.15	是
3	联想集团有限公司	杨元庆	4485	是
4	美的集团股份有限公司	方洪波	3737.10	是
5	奇瑞控股集团有限公司	尹同跃	3151	是
6	铜陵有色金属集团控股有限公司	龚华东	2495.30	是
7	安徽海螺集团有限责任公司	杨军	2168.70	是
8	中国宝武马钢集团	蒋育翔	2093.28	是
9	中铁四局集团有限公司	刘勃	1335.75	否
10	欧冶链金再生资源有限公司	陈昭启	1119.60	否
11	安徽建工集团控股有限公司	杨善斌	912.44	是
12	贝壳控股有限公司	彭永东	777.77	是
13	淮北矿业集团有限责任公司	孙方	733.87	是
14	淮河能源控股集团	王戎	678.08	是
15	安徽省交通控股集团有限公司	项小龙	653.87	是
16	合肥海尔工业园	管毓贤	631.72	否
17	合肥百大集团股份有限公司	沈校根	633.01	是
18	苏宁易购集团股份有限公司	张近东	626.27	是

续　表

排名	企业名称	控制人（董事长）	年营业收入/亿元	是否上市
19	蔚来汽车	李斌	556.20	是
20	中国石化安徽石油分公司	查显双	547.99	否
21	合肥市建设投资控股(集团)有限公司	李宏卓	535.72	否
22	中国十七冶集团有限公司	刘义安	506.49	否
23	六安钢铁控股集团有限公司	王建兵	489.03	否
24	安徽楚江科技新材料股份有限公司	姜纯	463.11	是
25	中国石油安庆分公司	刘晓华	459.83	否
26	安徽江淮汽车集团控股有限公司	项兴初	450.16	是
27	安徽省皖北煤电集团有限责任公司	杨林	415.89	否
28	阳光电源股份有限公司	曹仁贤	405	是
29	徽商银行	严琛	363.65	是
30	安徽省能源集团有限公司	陈翔	353.65	是
31	深圳迈瑞生物医疗电子股份有限公司	李西廷	349.32	是
32	雅迪科技集团有限公司	周经贵	347.63	是
33	安徽省投资集团	何昌顺	339.86	否
34	合肥维天运通信息科技股份有限公司	冯雷	336.38	是
35	文一投资控股有限公司	周育文	330.80	是
36	安徽天大企业(集团)有限公司	叶世渠	330.37	否
37	国轩高科股份有限公司	李缜	330	是
38	金鹏控股集团有限公司	孙元武	305.66	否
39	深圳市汇川技术股份有限公司	唐柱学	304.20	是

排名	企业名称	控制人（董事长）	年营业收入/亿元	是否上市
40	祥源控股集团有限责任公司	俞红华	300	是
41	安徽灵通集团控股有限公司	谢同宝	296	否
42	山鹰国际控股股份公司	吴明武	293.33	是
43	安徽中鼎控股（集团）股份有限公司	夏鼎湖	280	是
44	信义光能股份有限公司	董觊濮	266.30	是
45	合肥晶澳太阳能科技有限公司	李守卫	248.49	否
46	安徽鸿路钢结构（集团）股份有限公司	商晓波	235.39	是
47	安徽古井集团有限责任公司	梁金辉	223	是
48	铜陵化学工业集团有限公司	钱进	212.17	是
49	合肥长安汽车有限公司	沈兴华	205.46	否
50	中粮生物科技股份有限公司	殷建豪	203.79	是
51	长虹美菱股份有限公司	吴定刚	202.15	是
52	叮咚买菜	梁昌霖	199.71	是
53	合肥京东方显示技术有限公司	刘晓东	198.54	否
54	科大讯飞股份有限公司	刘庆峰	196.50	是
55	合肥长安汽车有限公司	李兴仁	192.37	否
56	安徽伟星置业有限公司	章卡鹏	189.01	否
57	中煤矿山建设集团有限责任公司	孙学军	181.83	否
58	合肥鑫晟光电科技有限公司	陈建军	181.68	否
59	铜陵精达特种电磁线股份有限公司	李晓	179.06	是
60	安徽辉隆投资集团有限公司	刘贵华	178.33	是

续　表

排名	企业名称	控制人 (董事长)	年营业收入/ 亿元	是否上市
61	安徽省港航集团	丁庆领	175.47	否
62	安徽叉车集团有限责任公司	杨安国	174.71	是
63	南京金箔控股集团有限责任公司	江楠	173.50	否
64	普联技术有限公司	赵建军	173.40	否
65	安徽丰原集团有限公司	李荣杰	173.39	是
66	中安华力建设集团有限公司	王坤	170.37	否
67	联合利华服务(合肥)有限公司	方炜	167.18	否
68	安徽天康(集团)股份有限公司	赵宽	166.92	否
69	三七互娱网络科技集团股份有限公司	李卫伟	165.47	是
70	长江精工钢结构(集团)股份有限公司	方朝阳	165.06	是
71	安徽新华发行(集团)控股有限公司	吴文胜	164.97	是
72	安徽华源医药集团股份有限公司	王军	163.85	否
73	安徽国元金融控股集团	黄林沐	161.98	是
74	滁州惠科光电科技有限公司	杭井强	156.60	是
75	安徽昊源化工集团有限公司	凡殿才	155.03	否
76	先导科技集团有限公司	朱世会	154.48	否
77	芜湖新兴铸管有限责任公司	刘涛	152.61	是
78	安徽省徽商集团有限公司	潘友华	152.51	否
79	安徽淮海实业发展集团有限公司	汤忠喜	148	否
80	安徽省贵航特钢有限公司	候镜清	141.17	否
81	深圳市长盈精密技术股份有限公司	陈奇星	137.22	是

排名	企业名称	控制人（董事长）	年营业收入/亿元	是否上市
82	安徽华源医药集团股份有限公司	王军	138.48	否
83	中国化学工程第三建设有限公司	占德庆	134.85	是
84	现代牧业（集团）有限公司	孙玉刚	134.58	是
85	安徽环新集团股份有限公司	潘一新	133.41	否
86	合众新能源汽车股份公司	方运舟	133.29	否
87	合肥华泰集团股份有限公司	陈先保	132.91	是
88	安徽出版集团有限责任公司	董磊	131.96	是
89	晶宫控股集团有限公司	刘海泉	131.02	否
90	格力电器（合肥）有限公司	庄培	129.08	否
91	安徽鸣华投资有限公司	郭昌平	128.47	否
92	中煤新集能源股份有限公司	王志根	128.45	是
93	国药控股安徽有限公司	连万勇	127.10	是
94	安徽省技术进出口股份有限公司	程峰	127	否
95	安徽天星医药集团有限公司	疏义杰	124	否
96	中能建建筑集团有限公司	董俊顺	121.11	否
97	天水华天科技股份有限公司	肖胜利	120.97	是
98	安徽宝业建工集团有限公司	高君	115	否
99	中盐安徽红四方股份有限公司	董亮	114.25	是
100	芜湖市富鑫钢铁有限公司	王文华	112.76	否

（数据由安徽财经大学新徽商研究中心整理）

八、2023 年其他榜单中的徽商企业

2023 年 6 月 13 日，中央广播电视总台财经节目中心联合国务院国资委、全国工商联、中国社科院经济研究所、中国企业改革与发展研究会等机构部门在北京举行中国 ESG（企业社会责任）发布活动，发布了《年度 ESG 行动报告》，公布了"中国 ESG 上市公司先锋 100"榜单。"中国 ESG 上市公司先锋 100"榜单以截至 2023 年 4 月 30 日的 A 股、H 股的中国上市公司为样本池，依据上市公司市值规模、报告发布情况、影响力、ESG 活跃度等要素，筛选出 855 家上市公司作为评价对象，进行 ESG 综合评价。有 4 家徽商企业入选该榜单：迈瑞医疗（第 10 位）、马钢股份（第 48 位）、比亚迪（第 50 位）、古井贡酒（第 89 位）。

2023 年 9 月 7 日，胡润研究院发布"2023 胡润中国能源民营企业 TOP100"榜单，列出了传统能源与新能源产业最具价值的中国民营企业 100 强。这里的"中国民营企业"是指总部在中国的非国有企业。这是胡润研究院首次发布该榜单。经过梳理，发现共有 7 家徽商企业上榜，分别是比亚迪（第 2 位）、阳光电源（第 6 位）、蔚来汽车（第 8 位）、信义光能（第 29 位）、国轩高科（第 36 位）、雅迪控股（第 36 位）、合众汽车（第 85 位）。

2023 年 10 月 25 日，广东省企业联合会和广东省企业家协会联合举办了以"强化龙头引领，推动产业升级"为主题的 2023 广东 500 强企业发展大会，发布了"2023 广东企业 500 强"榜单，其中营业收入超千亿元的企业有 39 家。安徽财经大学新徽商研究中心、安徽江南徽商研究院通过对该榜单的梳理，发现有 17

家徽商企业上榜（见表20）。

表20　"2023广东企业500强"中的徽商企业

序号	企业名称	排名
1	正威国际集团有限公司	5
2	比亚迪股份有限公司	11
3	美的集团股份有限公司	12
4	深圳迈瑞生物医疗电子股份有限公司	98
5	深圳市长盈精密技术股份有限公司	168
6	普联技术有限公司	194
7	科达制造股份有限公司	216
8	科顺防水科技股份有限公司	283
9	深圳市海普瑞药业集团股份有限公司	293
10	深圳市天源迪科信息技术股份有限公司	337
11	深圳英唐智能控制股份有限公司	362
12	易事特集团股份有限公司	379
13	广东创世纪智能装备集团股份有限公司	385
14	深圳市新国都股份有限公司	394
15	美盈森集团股份有限公司	405
16	深圳达实智能股份有限公司	443
17	协创数据技术股份有限公司	476

（数据由安徽财经大学新徽商研究中心整理）

2024年5月13日，2024年《财富》中国ESG影响力榜揭晓。这是《财富》杂志第3年编制中国ESG影响力榜。安徽财经大学新徽商研究中心通过梳理，发现有7家徽商企业上榜，分别是联想集团、贝壳控股有限公司、美的集团股份有限公司、科大讯飞股份有限公司、上海蔚来汽车有限公司、奇瑞汽车股份有限公司、弗迪电池有限公司。这些企业在改善环境、保护员工、支持社区工作方面作出了贡献，赢得了市场尊重。

2024年5月9日，英国品牌评估机构Brand Finance发布"2024年中国品牌价值500强"榜单。安徽财经大学新徽商研究中心通过对该榜单的梳理，发现有21个徽商品牌上榜（见表21）。

表21　"2024年中国品牌价值500强"中的徽商品牌

序号	品牌	企业总部所在地	产业	排名
1	比亚迪	广东	汽车	34
2	美的	广东	科技	42
3	联想	北京	科技	63
4	古井贡酒	安徽	烈酒	78
5	海螺水泥	安徽	工程建筑	100
6	阳光电源	安徽	公用事业	106
7	蔚来	上海	汽车	146
8	科大讯飞	安徽	科技	152
9	汉	广东	汽车	166
10	宋	广东	汽车	173
11	徽商银行	安徽	银行	183
12	安徽建工	安徽	工程建筑	200
13	苏宁易购	江苏	零售	214
14	迎驾贡酒	安徽	烈酒	241

序号	品牌	企业总部所在地	产业	排名
15	三七互娱	广东	媒体文化	270
16	唐	广东	汽车	275
17	秦	广东	汽车	301
18	江淮汽车	安徽	汽车	357
19	元	广东	汽车	370
20	铜陵有色	安徽	矿业及金属	399
21	安徽新华传媒	安徽	媒体文化	432

（数据由安徽财经大学新徽商研究中心整理）

徽 商 人 物

本书中的徽商人物是指省内外的各类徽商企业家，包括省外安徽籍的企业家和省内的企业家，他们传承徽商文化，弘扬徽商精神和企业家精神，带领企业开拓进取，不断创新，在各领域领跑行业发展。

一、2023年福布斯中国、胡润研究院、财富中文网榜单

2023年4月4日，福布斯中国公布了"2023福布斯全球亿万富豪榜"，其中有5位徽商入选"2023福布斯中国内地富豪榜100强"榜单（见表22）。

表22　"2023福布斯中国内地富豪榜100强"中的徽商

序号	姓名	企业	排名
1	王传福	比亚迪	11
2	王文银	正威国际	12
3	李西廷	迈瑞医疗	13
4	吕向阳	融捷集团/比亚迪	18

序号	姓名	企业	排名
5	曹仁贤	阳光电源	33

（数据由安徽财经大学新徽商研究中心整理）

2023年10月24日，"2023衡昌烧坊·胡润百富榜"在成都发布，1241位个人财富在50亿元以上的企业家上榜。该榜单前100名中有6家徽商企业的负责人上榜（见表23）。

表23　"2023衡昌烧坊·胡润百富榜"中的徽商

序号	姓名	企业	排名
1	吕向阳、张长虹夫妇	融捷控股	14
2	王传福	比亚迪	16
3	李西廷	迈瑞医疗	27
4	李彦宏、马东敏夫妇	百度	39
5	王文银家族	正威国际	50
6	曹仁贤、苏蕾夫妇	阳光电源	86

（数据由安徽财经大学新徽商研究中心整理）

2023年3月21日，财富中文网发布了"2023年中国最具影响力的50位商界领袖"榜单，有2位徽商上榜，分别是比亚迪王传福（第1位）、美的集团方洪波（第24位）。

2023年7月12日，福布斯中国推出"2023福布斯中国最佳CEO"榜单，有5位徽商上榜（见表24）。该榜单关注的焦点是那些在危机中带领企业脱离险境、实现逆势增长的领导者，榜单制作参考上市公司市值、区间股价涨跌幅、净利润及增长率等基础财务指标。另外，钱静红、郭恒华2位徽商入选"2024福布斯中国杰出商界女性100强"榜。

表24　"2023福布斯中国最佳CEO"榜单中的徽商

序号	姓名	企业	排名
1	王传福	比亚迪	1
2	曹仁贤	阳光电源	15
3	朱兴明	汇川技术	17
4	刘庆峰	科大讯飞	20
5	钱静红	雅迪控股	44

（数据由安徽财经大学新徽商研究中心整理）

二、2023年新财富500富人榜中的徽商

2023年5月16日，"凝聚民企力量，共谋高质量发展"2023新财富500富人新闻发布会在中国澳门举行。2023年，新财富500富人的总财富达到13.5万亿元，钟睒睒连续3年夺魁。2023年，新财富500富人的人均财富滑落至269亿元，入围门槛下滑至77.6亿元。安徽财经大学新徽商研究中心通过对榜单的梳理，发现有19家徽商企业的负责人入选该榜单（见表25）。

表25　"2023新财富500富人榜"中的徽商

序号	2023年名次	2022年名次	财富/亿元	姓名	主要公司	企业总部所在地	主要行业
1	11	11	1336.4	王传福	比亚迪	深圳	IT、汽车、新能源
2	13	12	1129.8	李西廷	迈瑞医疗	深圳	医疗器械

续　表

序号	2023年名次	2022年名次	财富/亿元	姓名	主要公司	企业总部所在地	主要行业
3	16	21	1071.7	吕向阳	融捷投资管理	广州	投资
4	58	54	510.4	曹仁贤	阳光电源	合肥	光伏逆变器、电站
5	108	135	323	王文银刘结红	正威国际	深圳	金属采矿、线缆
6	162	187	223	董经贵钱静红	雅迪控股	无锡	电动车
7	196	194	192	唐彬森	元气森林	北京	饮料
8	227	156	170.5	李永新鲁忠芳	中公教育	芜湖	公职类就业培训
9	283	330	132.5	倪永培	迎驾贡酒	六安	白酒
10	288	112	130	李斌	蔚来汽车	上海	新能源汽车
11	294	312	128.6	田明	美亚光电	合肥	光电技术与设备
12	299	391	127	李缜	国轩高科	合肥	锂离子电池及其材料
13	327	307	118.5	李坦李锂	海普瑞	深圳	制药
14	352	332	107.8	史玉柱	巨人投资	上海	网络游戏、投资
15	354	369	106.9	陈先保	洽洽食品	合肥	坚果零食
16	356	280	106.7	陶悦群	欧普康视	合肥	角膜塑形镜
17	375	209	101.2	刘修才家族	凯赛生物	上海	生物基聚酰胺

续　表

序号	2023年名次	2022年名次	财富/亿元	姓名	主要公司	企业总部所在地	主要行业
18	420	—	91.9	吴俊保家族	中国东方教育	合肥	职业技能教育
19	442	—	87.6	黄金祥	广信股份	广德	农药及精细化工中间体

（数据由安徽财经大学新徽商研究中心整理）

三、2023年徽商年度创新人物

2023年9月20日，在2023年世界制造业大会·徽商论坛上，"2023徽商年度创新人物"榜单重磅发布（见表26）。10位深耕先进制造业、引领经济创新发展、聚力投资安徽十大新兴产业、开创新徽商精神的徽商企业家上榜。

表26　"2023徽商年度创新人物"

序号	姓名	职位
1	王磊	安徽国电电缆股份有限公司董事长
2	吕嗣孝	上海航菱航空科技发展有限公司总经理
3	欧阳业东	广州市三泰汽车内饰材料有限公司董事长
4	胡伟	界首市天鸿新材料股份有限公司董事长
5	徐晓华	安徽华晟新能源科技股份有限公司董事长
6	郭虎	北京炎黄国芯科技有限公司董事长
7	郭恒华	安徽华恒生物科技股份有限公司董事长、总裁

序号	姓名	职位
8	谈文	上海派能能源科技股份有限公司执行董事、总裁
9	彭友	安徽芯瑞达科技股份有限公司董事长
10	刘毅	天津九安医疗电子股份有限公司董事长

（数据由安徽财经大学新徽商研究中心整理）

四、2023年徽商百富榜

　　安徽财经大学新徽商研究中心、安徽江南徽商研究院通过对各类财富榜单的梳理分析，结合公开报道，推出了一年一度的徽商百富榜。2023年徽商百富榜的入围门槛为25亿元，其中有3位徽商的财富超千亿元，有27位徽商的财富超百亿元（见表27）。

表27　2023年徽商百富榜

序号	姓名	企业	财富/亿元	籍贯
1	王传福	比亚迪	1336.4	无为
2	李西廷	迈瑞医疗	1129.8	萧县
3	吕向阳	融捷控股	1071.7	无为
4	曹仁贤	阳光电源	575	杭州
5	王文银	正威国际	323	潜山
6	史玉柱	巨人网络	320	怀远
7	董经贵	雅迪控股	295	六安
8	杨云云	名创优品	200	蚌埠
9	李坦	海普瑞	195	阜阳

序号	姓名	企业	财富/亿元	籍贯
10	唐彬森	元气森林	192	合肥
11	倪永培	迎驾集团	190	霍山
12	赵丰刚	宁德时代	190	宣城
13	李斌	蔚来汽车	170	太湖
14	朱世会	先导集团	160	蚌埠
15	曾开天	三七互娱	160	广州
16	田明	美亚光电	155	合肥
17	吴绪顺	顺荣汽车	135	南陵
18	马东敏	百度网络	135	六安
19	张亚	国光电气	130	蚌埠
20	陈广川	同曦集团	120	固镇
21	陶悦群	欧普康视	115	和县
22	余竹云	中环控股	110	衢州
23	刘士强	乐富强	110	阜阳
24	刘修才	凯赛生物	110	滁州
25	陈先保	洽洽股份	106.9	合肥
26	梁昌霖	叮咚买菜	105	合肥
27	方洪波	美的集团	100	枞阳
28	刘庆峰	科大讯飞	97	泾县
29	李卫伟	三七互娱	95	成都
30	商晓波	鸿路钢构	94.9	嵊州

序号	姓名	企业	财富/亿元	籍贯
31	吴俊保	新华教育	91.9	合肥
32	张近东	苏宁集团	90	天长
33	李缜	国轩高科	90	桐城
34	汪顾亦珍	德昌机电	90	休宁
35	夏鼎湖	中鼎股份	88	宁国
36	黄金祥	安徽广信	87.6	广德
37	王乐康	明微电子	85	池州
38	井贤栋	蚂蚁集团	85	全椒
39	方同华	珍宝岛	80	亳州
40	徐旭阳	普瑞眼科	80	黄山
41	徐进	口子酒业	78	濉溪
42	何佳	易事特	77	宿松
43	程先锋	亿帆医药	75	合肥
44	侯守法	长安投资	75	六安
45	杨浩涌	车好多	75	合肥
46	杨元庆	联想集团	68	合肥
47	陈奇星	长盈精密	67	望江
48	梁建坤	寒锐钴业	66	全椒
49	陈伟忠	科顺科技	65	安庆
50	王念强	比亚迪	65	铜陵
51	杨迎春	金禾实业	63	天长

序号	姓名	企业	财富/亿元	籍贯
52	张维	基石资本	62	和县
53	钱俊冬	三人行	60	无为
54	沈基水	同庆楼	59	当涂
55	唐柱学	汇川技术	58	泗县
56	杜应流	应流集团	56	霍山
57	毕国祥	宝迪集团	55	桐城
58	刘冀鲁	顺丰控股	55	当涂
59	徐士龙	上海港湾	55	繁昌
60	束小龙	老乡鸡	55	合肥
61	郭恒华	华恒生物	55	合肥
62	余承东	华为技术	54	六安
63	戴家兵	科天投资	53	池州
64	刘和国	冰川网络	52	池州
65	阎焱	赛富投资	51	桐城
66	张桂平	苏宁环球	50	天长
67	宋礼华	安科生物	50	当涂
68	蔡浩	中信博	50	宿松
69	胡欢	三六零	50	安庆
70	胡坤	康泰医学	50	金寨
71	于伟仕	悦康药业	50	阜阳
72	郑伟鹤	同创伟业	49	芜湖

序号	姓名	企业	财富/亿元	籍贯
73	李军	宝明科技	48	宣城
74	刘会平	巴比食品	48	怀宁
75	刘安省	口子酒业	48	淮北
76	何家乐	华人健康	48	霍山
77	王海鹏	美盈森	42	亳州
78	刘建德	科思科技	42	淮北
79	章安强	多伦科技	37	来安
80	陈志杰	振邦智能	36	亳州
81	李军	宝明科技	36	宣城
82	刘先成	普门科技	35	和县
83	姜纯	楚江新材	35	无为
84	李厚文	国厚资产	30	舒城
85	陈继锋	沃尔德	29	亳州
86	程卓	芯碁微装	28	舒城
87	唐开健	鑫铂股份	28	天长
88	郑之开	维宏股份	28	宿松
89	边程	科达制造	27	马鞍山
90	周夏耘	中公教育	26	宁国
91	史清	裕太微	26	马鞍山
92	方朝阳	长江精工	26	绍兴
93	印奇	旷视科技	25	芜湖

续　表

序号	姓名	企业	财富/亿元	籍贯
94	陆为东	欧圣电气	25	阜阳
95	姚成志	美诺华	25	霍山
96	彭志恩	奥锐特	25	桐城
97	季俊虬	立方药业	25	蚌埠
98	范劲松	开润股份	25	定远
99	耿四化	协创数据	25	亳州
100	黄明松	科大智能	25	六安

（数据由安徽财经大学新徽商研究中心整理）

五、2023年其他榜单中的徽商

2024年2月4日，"2023安徽年度经济人物"发布盛典在安徽广播电视台演播厅举行。10位来自不同行业的经济骄子成为"2023安徽年度经济人物"（见表28）。此次活动着眼于"复苏""深耕""可持续""高质量"等核心理念，紧扣高质量发展主题，进行创新设计和全面升级，从"奋斗"到"跨越"再到"深耕"，把握徐图渐进的经济大势，解析顶层设计框架的宏图伟意。这次发布的10位年度经济人物中有勇开先路的"领头雁"、大国制造的"拓荒牛"，也有高新技术的"发明家"、走出去的"排头兵"，还有致力于农业"三头三尾"产业的草根企业家，他们用自己的奋斗故事，谱写新时代奋斗者拼搏创新的勇气和精神，讴歌安徽经济崛起的深层动力。

表28　"2023安徽年度经济人物"

序号	姓名	职位/企业
1	徐甲甲	羚羊工业互联网股份有限公司总裁
2	王小骥	大陆马牌轮胎(中国)有限公司总经理
3	唐伟	合肥维信诺科技有限公司党委书记、副总经理
4	江志华	潜山市源潭镇人民政府(刷业小镇)镇长
5	刘百奇	星河动力航天科技股份有限公司董事长
6	张辉	本源量子计算科技(合肥)股份有限公司总经理
7	汤翠琳	六安市金安区牧鹅生态养殖专业合作社负责人
8	张贵兵	奇瑞国际公司总经理
9	计成志	安徽环瑞电热器材有限公司董事长
10	聚变大科学团队	中国科学院合肥物质科学研究院等离子体物理研究所

（数据由安徽财经大学新徽商研究中心整理）

　　2023年12月9—10日，由中国企业家杂志社主办的2023（第二十一届）中国企业领袖年会在北京召开，会上发布了"25位年度影响力企业领袖"榜单，其中有4位徽商上榜，分别是比亚迪集团董事长兼总裁王传福、华润集团董事长王祥明、联想集团董事长兼CEO杨元庆、美的集团董事长兼总裁方洪波。

　　2023年6月2日，2023年长三角企业家联盟主席会议在合肥召开，徽商刘庆峰当选轮值主席。2024年1月19日晚，浙江经济界的年度盛典——2023年度风云浙商颁奖仪式在浙江国际影视中心举行。蚂蚁科技集团股份有限公司董事长兼CEO、徽商井贤栋入选2023年度"风云浙商"。

　　2024年4月10日，24潮产业研究院（TTIR）综合评估了

2023年锂电行业企业家在产业地位与发展势头、国际化发展与进程、财务健康与资本实力、研发投入与技术创新等多个核心维度上的表现，推出"中国锂电年度十大领袖（2023）"榜单，徽商企业弗迪电池董事长何龙、国轩高科董事长李缜、阳光电源董事长曹仁贤入选。

2024年5月24日，上海市促进民营经济高质量发展大会暨第六届上海市优秀中国特色社会主义事业建设者表彰大会举行。会上，上海市安徽商会会长、景域集团董事长洪清华（安徽安庆人），上海市安徽商会执行会长、微盟集团董事会主席兼首席执行官孙涛勇（安徽宿松人），被授予"第六届上海市优秀中国特色社会主义事业建设者"荣誉称号并接受表彰。

徽商制造

从鲜有人问津到风投强省，从工业真空带到未来产业城，短短十多年，安徽从传统农业大省摇身一变，成为"新兴产业聚集地"。在第十三届中国中部投资贸易博览会期间，"皖美制造"以汽车首位产业，人工智能、高端装备制造、新一代信息技术等新兴产业，量子科技、深空探测等未来产业作为安徽综合馆重点展示内容。其中，汽车产业包括奇瑞、江淮汽车、科大国创智能驾驶舱等，人工智能产业包括科大讯飞星火大模型、羚羊工业互联网、AI虚拟人交互平台等，高端装备制造产业包括亿航无人驾驶飞机、富伯医疗机械手臂等，信息技术产业包括东超科技空中成像、维信诺柔性显示屏等，量子科技包括国盾量子、本源量子、国仪量子等，深空探测主要包括"天都"一号、二号等产品。

一、安徽装备制造业迈向万亿级

装备制造业历来是安徽省工业支柱产业之一。高端装备制造产业技术含量高、附加值高、产业地位高，处于价值链高端和产业链核心环节，发展水平更是决定着产业链的综合竞争力。安徽坚持"错位发展、协同发展、竞相发展"的思路，逐步形成了高端装备产业"双核多基地"的产业布局。合肥市和芜湖市是安徽装备制造业核心区域，正在打造高端装备综合性创新研发制造基地，马鞍山、滁州、蚌埠、六安、宣城、安庆等6市是安徽装备制造业的重点区域，正在打造各具特色的装备制造基地。

从细分产业看，安徽已确立高端装备制造产业重点发展的7个领域，包括工业机器人、高端数控机床、现代工程机械、轨道交通、航空航天、医疗装备和智能成套装备等。工业机器人领域形成了"伺服电机—减速机—控制器—整机—系统集成—示范应用"特色链条，六轴机器人出货量居国产品牌首位，"芜马合"机器人产业集聚区成为全国首批战略性新兴产业区域集聚发展试点区。高端数控机床领域集聚上下游企业200余家，高端数控压力机产业全国领先，金属切削机床产量居全国前列。现代工程机械领域涵盖挖掘机、工业车辆、起重机等七大门类，合力叉车连续32年位居国内工业车辆产销量第一。航空航天领域从无到有，涌现出钻石航发、航瑞发动机、卓尔航空螺旋桨等一批"单打冠军"。

接下来，安徽将加强产业规划引导，出台专项政策支持装备制造业发展。据安徽省工业和信息化厅负责人介绍，相关部门将研究出台《安徽省装备制造业高质量发展三年行动计划》，修订产业链图谱；积极对接工信部，研究制定机器人、工业母机、仪器仪表、医疗装备等重点领域行业行动方案，精准指导重点领域发展；聚焦加大首台（套）重大技术装备推广应用，修订"三首一保"政策；聚焦机器人、农机装备等产业做强做大，出台相关产业发展专项政策；等等。

近年来，安徽装备制造业营业收入年均增速在 15% 以上，2023 年营业收入已突破万亿元，居全国第 7 位，增速位居长三角、中部地区第一。

二、2023 年中国制造业综合实力 200 强中的徽商企业

2023 年 9 月 1 日，中国制造业协会发布"2023 年中国制造业综合实力 200 强"暨"中国装备制造业 100 强"排行榜。榜单制作比照国际上通行的做法，根据营业收入、资产总额、利润总额、所有者权益、研发投入、从业人数等指标对候选企业进行综合评分，并对部分候选企业进行实地考察，从中遴选出中国制造业综合实力 200 强企业及中国装备制造业 100 强企业。安徽财经大学新徽商研究中心通过对该榜单的梳理，发现有 10 家徽商企业上榜（见表 29）。

表 29　"2023 年中国制造业综合实力 200 强"中的徽商企业

序号	企业名称	排名
1	正威国际集团有限公司	2
2	联想控股股份有限公司	11
3	比亚迪股份有限公司	13
4	美的集团股份有限公司	16
5	奇瑞控股集团有限公司	27
6	安徽海螺水泥股份有限公司	47
7	阳光电源股份有限公司	131
8	山鹰国际控股股份公司	148

续　表

序号	企业名称	排名
9	雅迪集团控股有限公司	154
10	安徽古井贡酒股份有限公司	194

（数据由安徽财经大学新徽商研究中心整理）

三、科创板中的徽商企业

据初步统计，截至2023年底，全国科创板上市企业总数达到567家。其中，2019年上市70家，2020年上市145家，2021年上市162家，2022年上市123家，2023年上市67家。567家科创板上市企业中，徽商企业有36家（见表30）。

表30　科创板中的徽商上市企业

序号	证券简称	证券代码	徽商
1	沃尔德	688028	陈继锋
2	睿创微纳	688002	方平
3	长阳科技	688299	金亚东
4	凯赛生物	688065	刘修才
5	明微电子	688699	王乐康
6	科思科技	688788	刘建德
7	中信博	688408	蔡浩
8	悦康药业	688658	于伟仕
9	国光电气	688776	张亚
10	奥福环保	688021	潘吉庆

序号	证券简称	证券代码	徽商
11	振华风光	688439	张亚
12	思科瑞	688053	张亚
13	通源环境	688679	杨明
14	科威尔	688551	傅仕涛
15	会通股份	688219	李健益
16	江航装备	688586	宋祖铭
17	大地熊	688077	熊永飞
18	埃夫特	688165	许礼进
19	国盾量子	688027	彭承志
20	皖仪科技	688600	臧牧
21	巨一科技	688162	林巨广
22	壹石通	688733	蒋学鑫
23	容知日新	688768	聂卫华
24	工大高科	688367	魏臻
25	华恒生物	688639	郭恒华
26	芯碁微装	688630	程卓
27	元琛科技	688659	徐辉
28	耐科装备	688419	黄明玖
29	恒烁股份	688416	吕向东
30	汇成股份	688403	郑瑞俊
31	井松智能	688251	姚志坚

续 表

序号	证券简称	证券代码	徽商
32	埃科光电	688610	董宁
33	芯动联科	688582	陈丙根
34	晶合集成	688249	蔡国智
35	颀中科技	688352	陈小蓓
36	龙迅股份	688486	陈峰

（数据由安徽财经大学新徽商研究中心整理）

四、7 家徽商企业入选全球"灯塔工厂"

全球"灯塔工厂"被称为"世界最先进的工厂"，由世界经济论坛和麦肯锡咨询公司共同遴选，代表了全球制造业领域智能制造和数字化的最高水平。据世界经济论坛相关负责人介绍，与非"灯塔工厂"企业相比，"灯塔工厂"企业利用第四次工业革命技术发展生产网络的概率要高出三倍，而提前完成规模化扩张的概率要高出 50%。自 2018 年开始评选以来，中国入选企业数量呈加速增长的态势，引领全球先进制造业发展。截至 2023 年 12 月，全球"灯塔工厂"共有 153 座，中国有 62 座，其中有 7 家徽商企业入选，分别是美的（广州）、联合利华（合肥）、美的（顺德）、美的（荆州）、美的（合肥）、联想（合肥）、海尔（合肥）。

五、新能源汽车中的徽商企业

从一汽集团的耿昭杰，到东风集团的徐平，再到比亚迪集团的王传福、奇瑞集团的尹同跃，徽商在中国汽车工业发展史上留下了浓墨重彩的一笔。从最初的引"狼"入室，用市场换技术创办合资企业，到与"狼"共舞，用技术驱动自主品牌成长，再到羽翼丰满后转型升级并在新能源、智能网联领域"跑马圈地"，徽商始终占据汽车工业制高点。

新能源汽车是现在经济圈的热点，当下有五大车企的创始人或者智能方案掌门人都是出自安徽，分别是比亚迪创始人王传福、华为智能汽车解决方案 BU 董事长余承东、蔚来汽车创始人李斌、奇瑞集团董事长尹同跃、哪吒汽车创始人方运舟。

比亚迪创始人王传福是安徽芜湖人，其涉猎的领域不止新能源汽车，还有比亚迪电池、比亚迪电子、比亚迪整车制造等，是当今徽商代表人物之一，也是徽商总会名誉会长。比亚迪汽车销量 2023 年第一次进入世界前十，在国内市场也是力压丰田、本田、特斯拉、大众等国际品牌，高居第一。如今比亚迪还在高速前进，海外市场口碑和销量也在不断提升。

奇瑞从一家村办工厂，发展成为中国著名的自主品牌。依靠深厚的造车底蕴和强劲的发展韧性，奇瑞最近几年焕发新春。2023 年，奇瑞汽车销售 188.1 万辆，仅次于比亚迪，位居自主品牌第二、行业第三；奇瑞汽车出口达 93.7 万辆，同比增长101.1%，连续 21 年位居中国品牌乘用车出口第一。

蔚来汽车已获批建设第三座工厂，该工厂设计产能为 60 万辆，投产后蔚来总产能将增至100万辆，几乎与特斯拉上海超级工厂的规模持平。该工厂位于合肥新桥智能电动汽车产业园区，已经开工建设，单班产能10万辆，将用于后续蔚来品牌以及乐道品牌产品的生产。2024年5月，蔚来迎来第50万辆车下线，同时蔚来汽车发布第二品牌——乐道，旗下首款车型乐道L60正式开启预售。

华为智能汽车解决方案BU董事长余承东出生于安徽六安，加入华为后，他不仅带队攻关3G技术，还一度将华为手机发展到手机市场份额占有率全球第一。最近几年，他又带领华为进入汽车行业。通过鸿蒙智行赋能赛力斯、奇瑞等，华为问界、智界等车型销量持续暴涨。截至2024年5月，鸿蒙智行的累计销量高达11.97万台，成为新能源赛道的实力玩家。

哪吒汽车创始人方运舟为安徽桐城人。截至2024年5月，哪吒汽车已完成14轮融资，公开披露的融资金额近300亿元，投资方包括深创投、中车资本、宁德时代等。目前，哪吒汽车在国内有3个整车生产基地，分别位于浙江桐乡、江西宜春以及广西南宁。2024年3月，哪吒汽车与香港特别行政区政府签约，成为其重点企业伙伴。哪吒汽车已在香港设立海外中心，正按计划建立海外智能研发中心和大数据中心，围绕海外用户特征开发本地化的智能新能源汽车，并计划在香港建设生产工厂，协助香港与内地产业链接轨。

徽 商 回 归

　　早在2013年，安徽就将推动徽商"凤还巢"首次写入政府工作报告，当年出台了中共安徽省委、安徽省人民政府《关于大力发展民营经济的意见》，提出优化民营经济发展环境，推动徽商"凤还巢"；对徽商回皖投资，实行招商引资同等待遇。2015年，安徽把推动徽商回归作为一项重要的工作写入全省招商引资方案，同年8月，时任安徽省省长李锦斌批示："要研究在大众创业、万众创新中，加强政策、环境的激励和引导，掀起'徽商回归热'，力争在产业、资本、技术、人才和信息方面实现五返乡。"2021年，安徽省把"双招双引""徽商回归"作为经济工作的"第一战场"，运用市场的逻辑谋事、资本的力量干事，形成项目、资金、人才等各类高端资源要素汇聚的强大引力场。2023年，安徽在全球范围内开展"投资安徽行"系列活动。

一、2023年徽商回归资金达千亿元

　　2023年1—12月，安徽亿元以上在建徽商回归项目581个，徽商投资额1903亿元，实际到位资金1141.5亿元，同比增长

089

10.3%。新建亿元以上项目 482 个，徽商投资额 1510.8 亿元，实际到位资金 985.7 亿元。新建 10 亿元以上大项目 28 个，实际到位资金 376.7 亿元。

从项目落地看，在建徽商回归项目到位资金排名前五的城市依次为合肥市、安庆市、宿州市、阜阳市和芜湖市，5 市到位资金共 737.6 亿元，占总到位资金比重 64.6%。

从项目来源地看，在建徽商回归项主要来源地为粤港澳大湾区、长三角和京津冀地区等，到位资金总量从高到低排序依次为广东省、上海市、江苏省、浙江省和北京市。

从产业分布来看，一产项目 17 个，实际到位资金 14.7 亿元；二产项目 494 个，实际到位资金 1014.3 亿元；三产项目 70 个，实际到位资金 112.5 亿元。其中，二产项目实际到位资金比重达 88.9%，同比增长 13.3 个百分点。

二、徽商回归部分项目

2023 年 1 月 6 日，美的集团旗下威灵汽车部件安庆新能源汽车零部件战略新基地（简称"威灵安庆基地"）一期正式投产。该项目作为美的集团目前投资总金额最大的项目，总投资约 110 亿元，预计建成后可形成年产 6000 万套产能，实现年产值 400 亿元。威灵安庆基地将朝着每年 100 万台电动压缩机、120 万台 EPS 转向电机、20 万台驱动电机的目标迈进。

2023 年 1 月 9 日，合众新能源汽车核心零部件产业园项目签约仪式在安徽淮南举行。该项目由合众新能源汽车有限公司投建，项目计划投资 51 亿元，分三期建设，主要生产新能源汽增程系统产品、热管理系统产品和智能座舱产品，预计年产能为30万套增程系统、60万套热管理系统和60万套智能座舱。一期、二期达产后，产值约130亿元，综合税收约7亿元，新增就业约1200人。

2024年4月，先导集团与合肥新站高新区签订了合作协议，项目总投资达260亿，主要布局半导体等产业，先导集团主要经营新材料研发和半导体制造等领域。

2024年4月26日，巡鹰新能源产业基地项目落户合肥新站高新区。该项目总投资16亿元，分二期建设完成，主要建设总部经济中心、主营业务产品制造线、动力电池智能制造车间、储能系列产品制造线、巡鹰出行智能装备制造车间、大数据（智能网联、App开发）研发中心、运营服务中心、工程研发总院及公辅配套等。

2024年5月，鲜丰水果（安徽）智慧冷链物流园项目的启动，标志着鲜丰水果在构建现代化、智能化、标准化冷链物流体系的道路上迈上了新台阶。该项目总投资约2.6亿元，占地面积约100.86亩，运营后预计辐射门店数量超过3000家，水果吞吐量可达50万吨，直接带动地方就业逾千人。目前，鲜丰水果共有分布于杭州、上海、合肥、武汉、天津的五大CDC物流中央配送中心，以及全国范围内的23个智慧冷链物流中心。

三、徽商回归，安徽为什么能

2021年，安徽5000万元以上在建徽商回归项目560个，徽商投资额1515.3亿元，实际到位资金883.7亿元，同比增长34.6%。

2022 年，安徽亿元以上在建徽商回归项目 650 个，徽商投资额 1821 亿元，实际到位资金 1034.5 亿元，同比增长 17.1%。2023 年，安徽亿元以上在建徽商回归项目 581 个，徽商投资额 1903 亿元，实际到位资金 1141.5 亿元，同比增长 10.3%。近年来，徽商回归不断创新高。徽商回归，安徽为什么能？

徽商回归要"引得来、留得下、发展好"，是一项涉及面广、牵扯部门多、运行环节复杂的系统工程，必须多部门协调合作，多方举措并用。安徽在以下几个方面的实践为徽商回归的成功奠定了基础。

一是政府顶格推进。早在 2021 年 4 月，安徽就召开了高规格的民营经济"万人大会"，出台民营经济高质量发展"25 条"，制定"徽商服务卡"管理办法，让持卡企业家办事可享受"绿色通道"便利，保障民营企业家政治上有荣誉、社会上有礼遇、生活上有待遇。自 2022 年开始，安徽连续三年的"新春第一会"都是聚焦优化营商环境、推进民营经济高质量发展，通报表扬 100 家优秀民营企业、100 位优秀民营企业家，让民营企业家站"C 位"、坐前排，甚至坐上主席台。2023 年 11 月，安徽印发了促进民营经济高质量发展"38 条"，提出"3 个 70%"要素保障机制，在支持企业融资、保障用地用能需求方面，对民营企业给予优待。2024 年 1 月 1 日，《安徽省优化营商环境条例》正式施行，以立法形式保障优质营商环境，彰显出安徽对这项工作的重视。安徽顶格推进、顶格协调、顶格服务的做法为新徽商送来归乡创业的"定心丸"。

二是优化营商环境。营商环境是市场经济的培育之土，是市场主体的生命之氧，只有进一步优化营商环境，才能真正解放生产力、提高竞争力。安徽正在用优良的营商环境激发企业创业创新的热情，滋养企业成长壮大的土壤。（1）信息畅通无阻。在安徽，企业享受多个部门的惠企政策，通过"免申即享"平台，企业只需要通过"皖企通"一个端口登录，就可以办理惠企政策资金申报的所有事项，及时掌握项目审批和资金兑付情况。（2）搭建政企沟通"直通车"，架起沟通新桥梁，如芜湖的"畅聊早餐会"、黄山的"新安茶话会"、安庆的"宜咖吧"企业家沙龙等越来越受到企业好评。（3）打造营商环境品牌，如滁州的"亭满意"、马鞍山的"马上办"、宿州的"宿事速办"、安庆的"满宜办"等，通过品牌化的营商环境来推动服务的标准化，政府真诚守信、恪守诺言是推动徽商回归最好的宣传。（4）奋力营造人人重视营商环境、人人都是营商环境、时时处处都讲营商环境的良好氛围，让好的营商环境成为安徽的金字招牌，让徽商成为安徽创新的合伙人、发展新质生产力的合伙人、"双招双引"的合伙人。

三是搭建回归平台。早在2003年安徽就开启了首届中国徽商大会暨徽商论坛，2005年又成立了安徽国际徽商交流协会，时至今日，安徽已举办11届中国（国际）徽商大会、15届徽商论坛、2届天下徽商圆桌会议，数百场徽商回归恳谈（对接）会等，各类活动的举办促进了徽商回归和资源对接。2023年5月，安徽启动了"投资安徽行"，旨在通过开展系列活动，进一步强化安徽"双招双引"力度，着力营造"大抓项目、抓大项目"的浓厚氛围，为推动安徽高质量发展提供坚实支撑。如合肥比亚迪，从项目开工到投产用时10个月，产值过百亿用时5个月，2023年生产整车近50万辆，实现产值突破600亿元。2023年12月，安徽高规格成立徽商总会，在成立大会召开期间就有总投资 300 多亿元的 20 个项目集中签约，新徽商集体回归将为安徽带来一个值得期待的新未来。2023 年以来，安徽抢抓机遇，多措并举，掀起全省"徽动全球"出海"新高潮"，举办"海客圆桌会"，对接海外各类徽商组织，让更多的海外徽商回归家乡，在家乡投资创业。

四是产业基金赋能。如今的安徽，投资空间、市场空间、消费空间广阔，创业创新机会众多，越来越多的企业家、科学家、投资家聚焦江淮大地。为推动徽商创业和科技成果落地转换，安徽建起了"政府引导母基金+天使/科创/种子基金+市场化基金"的国有"基金丛林"，为地方产业高质量发展注入澎湃动力。这种基金招商模式是从合肥发展起来的，也是通过这种模式，合肥在液晶产业领域、新能源产业领域、量子产业领域打开了局面，之后不断把触角延伸到芯片产业和商业航天产业等硬科技领域。安徽通过搭建财政出资和国有企业出资的省级政府性股权投资基金体系，利用参股赋能市县政府基金、市场化基金，带动产业链上下游项目投资安徽，在"双招双引"的大背景下招募基金及其管理公司。红杉中国、深创投、同创伟业、基石资本、毅达资本、赛富投资、安芙兰资本、东方富海、招商资本、中科亚商创投等都落户安徽。

五是创新回归路径。徽商回乡投资，是因为看见了更好的未来，不仅基于情怀，更多的还要考虑发展前景和产业布局。在回归路径方面，不仅要打"情感牌"，还要打"利益牌"。"情感牌"就是要尊重徽商企业家。安徽人非常重视春节和清明节，这是徽商返乡的两个重要时间节点，各级政府经常利用假期组织返乡的徽商、优秀乡贤开展形式多样的座谈会和恳谈对接会，聘请他们担任地方政府"招商大使"或"招商顾问"，有些地方还成立了优秀乡贤理事会或地方商会，如安庆成立了宜商总会，阜阳、亳州、池州等地成立了异地商会联盟。"利益牌"就是要让回归企业得到实惠。安徽针对规模企业的总部回归制定了相应的优惠政策，大型项目"一事一议"。针对中小企业的回归，安徽多地创新性地提供了多种途径，如在北上广深等地设立前沿基地，项目落户在安徽，办公在前沿基地；与长三角对接合作区域开展"双城孵化，双城创业"等，结合当地产业发展优势，精心做好产业布局，助力企业高效融入当地产业链，让企业家看得明白、投得有信心，感觉到实惠。

总之，在全力支持徽商回归方面，安徽厚积薄发、动能强劲、大有可为的好势头和具有"感召力"的营商环境，为徽商回归提供了"沃土"，安徽的重商、安商、亲商、暖商、护商，使回归徽商得了实惠。当然，对于徽商回归，不仅是项目回归、投资回归，还有资本回归和人才回归，要确保回归的徽商企业与地方产业的深度融合，避免简单的资本回流而脱离了实现产业升级和创新发展的目标；要开启产业链"强链、补链、畅链、固链"新通道，开发多部门服务徽商回归数字化应用平台，从不同领域全方位赋能徽商回归；要让回归的徽商感受到花最少的时间、跑最少的路、交最少的材料、找最少的部门就能办成事，贸易投资最便利、行政效率最高、服务管理最规范、法治体系最完善，用一流的营商环境为徽商回归高质量发展提供助力。

四、2023年多地举办商帮大会

商帮是以地域为中心，以血缘关系、乡谊为纽带，以"相亲相助"为宗旨的对区域经济产生重大影响的商人群体。每个商帮都有共同的价值观，即具有共性的区域文化，他们对助推产业经济发展起着非常重要的作用。中国商帮，既是波澜壮阔的历史符号，也是社会、政治、经济、民生的真实写照。从古至今，虽然有商帮更迭，但它们用一次次的蜕变，与时代相融合，在中国社会经济转型的节点发挥着重要作用。

进入新时代，商帮扮演着越来越重要的角色，日益成为支撑中国经济增长的动力引擎，成为区域文化输出的重要载体，在构建开放型经济新格局、吸引全球投资、促进经贸文化交流等方面发挥着重要作用。

当前，商帮的发展不再局限于区域经济的催生力量和非公有制经济发展的文化特征，而是成为互联网经济跨界融合的有力助手。商帮的发展有助于贯彻落实供给侧结构性改革，建立新型"亲""清"政商关系，重塑企业家精神。

新浙商、新粤商、新徽商、新冀商、新沪商、新闽商、新豫商、新晋商、新渝商、新川商……随着各地商帮的蓬勃发展，如何推动中国商帮融合发展，促进各地商帮之间的交流沟通，为中国民营经济发展作出进一步贡献，已成为各地商帮发展的新命题。

2023年，全国多地以省委省、政府的名义高规格召开了地区商帮大会，旨在促进地区经济高质量发展，助推"双招双引"。

各地都希望走出去的企业家能够引领和推动产业回归、资本回流、项目回投、人才回聚、总部回建，助力夯实高质量发展根基，推动共同富裕事业。

第三届儒商大会。2023年3月28—30日，以"相聚齐鲁大地 共话高质量发展"为主题的第三届儒商大会在济南召开。本届大会旨在弘扬新时代企业家精神，激发企业家的家国情怀，汇聚海内外山东人情系故乡、报效桑梓、创业创新的奋进力量，赋能推动高质量发展。大会吸引了海内外760多位嘉宾，以及70多家世界500强企业、70多家中国500强企业代表等参会。八方来客，共聚齐鲁，对接项目，洽谈生意，共谋发展。此次盛会将为新时代山东经济社会高质量发展注入新的动力与活力。

第二届中国宜商大会。2023年4月4日，以"协同发展 共创未来"为主题的第二届中国宜商大会暨宜商总会成立大会在安庆召开。来自全球各地的近600名宜商代表会聚美丽宜城，共谋安庆未来。2021年，安庆市委、市政府提出了"内搭平台，外联老乡"的发展路径。2022年9月30日，首届中国宜商大会在安庆召开，向全球宜商发出"共谋发展、期待有我"的诚挚倡议。每年举办中国宜商大会，既为叙乡情、增友谊，更为谋项目、促发展。中国宜商大会以乡情为媒、以发展为题，在引导产业回归、资本回归、技术回归、人才回归等方面发挥着重要作用。

2023全球豫商大会。2023年4月21—22日，2023全球豫商大会在郑州举办，来自海内外的300多位豫商代表齐聚一堂，共叙乡情、共谋发展。大会首次对杰出豫商进行表彰；通过举办粤港澳大湾区投资交流恳谈会等专项活动，进一步拓展合作空间，凝聚广大豫商投身家乡现代化建设、谱写中原新篇章的强大动力。

大会现场签约 55 个项目，合同引资 636 亿元。其中，省外豫商投资项目 33 个，合同引资 442 亿元，数量和引资额占总量的六成。签约项目涵盖先进制造业、战略性新兴产业、数字经济、现代服务业。

第三届江苏发展大会。2023 年 5 月 20 日，以"情系江苏 共筑梦想"为主题的第三届江苏发展大会在南京开幕。1300 多名来自海内外、省内外的乡贤嘉宾会聚一堂，叙情谊、谋发展、话未来。开幕式后举行了江苏发展论坛，亚洲基础设施投资银行行长金立群，中国科学院院士、中国科学技术大学校长包信和等 8 位嘉宾作了精彩发言。会上，江苏省人民政府与中国机械工业集团、中国中煤能源集团、中国中铁股份有限公司分别签订战略合作协议，一批百亿级重大产业项目集中签约。

第五届通商大会。2023 年 5 月 21 日，第五届通商大会暨全市民营经济发展大会在南通国际会议中心召开。南通是张謇先生的家乡，素有重商亲商传统。改革开放之初，广大通商筚路蓝缕、白手起家，推动南通民营经济发展，形成了家纺、建筑等特色产业。如今南通成为全球三大家纺基地之一，建筑业总产值突破万亿元。21 世纪前后，广大通商跨越赶超、抢滩逐鹿，创造了民营经济又一个黄金发展期，南通成为全国第三个私营企业数量超 10 万家的城市。进入新时代，广大通商聚力创新、追求卓越，致力于规模化、集约化、国际化发展，民营经济涌现出一批走在前列的优势产业、头部企业、知名产品。

第三届世界桂商暨商会经贸文化交流合作大会。2023 年 7 月 18 日，以"同心谋发展 携手创新局"为主题的第三届世界桂商暨商会经贸文化交流合作大会在广西南宁开幕。会议期间举办了重点产业链项目签约仪式、强优民营企业座谈会、桂商高质量发展论坛、经贸文化交流会议等系列活动,与会嘉宾共商合作、共谋发展。

第八届全球吉商大会。2023年7月20日,以"凝聚吉商奋进力量 谱写吉林振兴华章"为主题的第八届全球吉商大会在吉林长春开幕。第八届全球吉商大会、第二届吉林省校友人才促进吉林振兴发展大会共签约合作项目及协议98个,引资总额1589.38亿元,签约项目涵盖汽车及零部件、农产品加工、医药健康、文化旅游、装备制造、新材料、新能源等领域。

世界蒙商大会。2023年7月21日,由内蒙古自治区政府主办,以"汇聚蒙商力量 共享发展机遇"为主题的世界蒙商大会在呼和浩特召开,海内外蒙商代表及知名企业、上市公司负责人等近千人会聚敕勒川草原会议中心,共谋合作、共话发展。会议期间签约重点项目91个,总金额1195.14亿元。

首届滇商大会。2023年7月22日,首届滇商大会在昆明举行,国内外滇商企业家代表齐聚春城,共话桑梓情怀,共谋云南美好未来。全体企业家代表向海内外广大滇商发出倡议:厚植家国情怀,坚持把实业兴国、产业报国作为价值追求,争做守初心、有抱负、敢担当的情怀型滇商;勇于创业创新,争做敢想敢干、敢闯敢试、敢为人先的创新型滇商;践行诚信守法,坚持遵纪守法办企业,光明正大搞经营,争做讲信誉、重承诺的诚信型滇商;勇担社会责任,坚持把回报社会、造福家乡作为一生的自觉追求,以实际行动投身实现云南省战略发展目标、乡村振兴战略、全体人民共同富裕的伟大事业;保持开放视野,积极参与国家各区域的开发建设,参与云南面向南亚东南亚辐射中心建设,参与共建"一带一路"倡议。

第十届全球贵商大会。2023年9月8日，以"抢抓发展新机遇 共享开放新未来"为主题的2023全国优强民营企业助推贵州高质量发展大会暨第十届全球贵商大会在贵阳举办。全国工商联相关部门负责人，部分世界500强企业、中国500强企业、中国民营500强企业代表，全国工商联直属商会会长和副会长单位代表，中外知名商（协）会负责人、贵商代表等参加会议。大会举行了招商引资重点项目签约仪式，现场签约项目30个，总金额392亿元。大会还举行了贵州开放论坛，对话嘉宾围绕"融入RCEP伙伴关系，打造内陆开放新高地"主题作了精彩发言。

2023年全球秦商大会。2023年9月21日，2023年全球秦商大会在西安开幕。秦商总会会长、正大集团总裁郑翔玲在会上介绍，自2009年首届全球秦商大会举办以来，全球秦商组织如雨后春笋般迅速壮大，组织体系和服务网络遍布全球30多个国家和地区及全国各省份，成立了300多家陕西商会，全球各地注册会员已有5万多家，会员资产规模合计有4万亿元以上。广大秦商在陕西累计投资超万亿元，在助力家乡建设、灾后重建、乡村振兴等方面累计捐资捐物超10亿元，充分体现了"义利报国"的新时代秦商精神。本次大会同步举办了新能源产业发展论坛等4场专题活动和"高校校友回归·助力陕西发展"等4场特色活动。

2023世界粤商大会。2023年9月22日，2023世界粤商大会在广州开幕。粤港澳大湾区是中国经济最开放的区域之一，也是民营经济最具活力、最有潜力的区域之一。举办世界粤商大会，对引领全球粤商更好把握粤港澳大湾区建设的战略机遇，在新起点上再创粤商新辉煌，具有非常重要的促进作用。大会期间还举办了世界粤商投资论坛，该论坛聚焦"激活世界粤商投资新活力，共享广东发展新机遇"主题，广邀海内外知名粤商、工商社团代表及知名专家学者、政府人士、智库代表，共商共享在粤发展新机遇。

全球湖南商会会长联席会议。2023年9月25日，全球湖南商会会长联席会议暨助推永州高质量发展大会在宁远举行。大会同期举行了全球湘商祭舜大典、增强中华文明传播力影响力与舜文化研讨会等活动。参加全球湘商祭舜大典的代表表示，要继续传承中华优秀传统文化，做诚信守法的企业家，为加快建设社会主义现代化新湖南作出自己应有的贡献。

首届全球辽商大会。2023年9月26日，以"聚力凝乡情 同心促振兴 共圆家国梦"为主题的首届全球辽商大会在沈阳开幕。来自43个国家和地区、28个国内省份的600余名辽商代表齐聚一堂，共叙乡情、共谋合作、共促振兴。大会同期还举办了"创业中华·侨兴辽宁""振兴新突破·辽商新机遇"两场主题论坛活动，以及海外辽商恳谈会和辽商回辽中秋晚会两个专题活动。9月27日，与会嘉宾将赴各市考察洽谈，进一步激发广大辽商回乡创业的强烈意愿。

2023信商大会。2023年9月27日，2023信商大会暨豫闽台企业家高峰论坛在信阳百花会展中心举行。来自全国和世界各地的信商、豫闽台企业家、海内外侨胞等齐聚信阳，共叙乡情、共话发展。本届信商大会共签约项目30个，总投资431.8亿元，其中现场签约项目10个，总投资337.15亿元。

2023（第十届）苏商发展大会。2023年10月11—12日，

2023（第十届）苏商发展大会暨苏商会成立十周年庆典在南京紫金山庄会议中心举行。全国部分省份党政领导、全国部分商协会领导、新闻媒体代表、江苏省规模以上企业家，以及政产学研金等领域的 800 余位代表参加大会。会议同期举办了江苏产业集群创新发展论坛、2023 苏商荣耀金陵系列颁奖仪式、苏商投资中国首选城市专题展、苏商会战略合作伙伴签约仪式、"拥抱巨变时代，重塑产业未来" 1+6 主题对话等活动。全国工商联副主席、沙钢集团董事长沈彬当选为新一届苏商会会长。

2023 世界温州人大会。2023 年 10 月 14 日，2023 世界温州人大会在温州举行。近千名来自世界各地的温籍精英和关心支持温州发展的各界人士会聚一堂，围绕"情满千年商港　共建幸福温州"主题，共襄盛举、共叙乡情、共商未来。会议期间，59 个重大项目集中签约，总投资 718 亿元，涉及制造、商贸、文旅、数字经济等多个领域。大会现场设立了"世界温州人公益慈善基金""温州民营投资基金"，让无疆大爱汇聚成流，为产业振兴注入活水。

2023 浙商年度主题大会。2024 年 1 月 17 日，2023 浙商年度主题大会在杭州举行。本次大会由浙商总会主办，全球浙商代表等 600 余人共叙乡情、共享机遇、共谋发展。大会发布了《2023 浙商年度投资样本》《2023 浙商年度国际化样本》《2023 浙商年度创新样本》，展现了近年来浙商在全球投资、发展等创新举措。

五、徽商总会

2022 年 2 月，中共安徽省委办公厅、安徽省人民政府办公厅印发《关于更好发挥行业协会商会在"三地一区"建设和"双招双引"中作用的意见》，共7个方面28条意见。其中明确提出安徽将组建完善十大新兴产业商协会，鼓励商协会搭建各类产业对接交流平台，组建安徽徽商总会，推进商协会去行政化、去垄断化，鼓励去单一化，商协会可适度实行"一业多会"。

2023年12月20日，徽商总会正式成立。徽商总会是由安徽省委、省政府推动组建，省工商联主管，海内外知名徽商企业发起组建的跨所有制、联合性、非营利性社会组织，会员涵盖海内外广大徽商组织和优秀徽商企业。王传福当选名誉会长，杨元庆当选会长，桂四海当选监事会主席，李西廷当选顾问，尹同跃、刘庆峰、洪清华当选执行会长。

六、中国（国际）徽商大会

中国（国际）徽商大会自2003年举办以来，至2018年与首届世界制造业大会合办，已举办了11届（见表31）。"他乡纵有当头月，不及家乡一盏灯。"安徽永远是全球徽商游子心中最柔软的部分，也永远是广大徽商最坚强的"后盾"和最温暖的"港湾"。希望全球徽商当好安徽营商环境的"参与者""监督者""宣传者"，多回家乡走走，常回家乡看看，看一看家乡的山水，尝一尝家乡的美食，听一听熟悉的乡音，解一解深深的乡愁，谈一谈合作的项目！

表31 历届中国（国际）徽商大会一览

序号	年份(届次)	主办地	主题	亮点
1	2003年(第一届)	合肥	新时代、新徽商、新安徽	首届中国徽商大会
2	2005年(第二届)	合肥	交流、合作、发展、繁荣	第一届中国国际徽商大会
3	2006年(第三届)	香港	皖港携手，互利共赢	皖港企业家对接会
4	2007年(第四届)	合肥	开放、创新、合作、崛起	才智交流区
5	2008年(第五届)	黄山	开放、发展、共赢、和谐	走进徽州
6	2009年(第六届)	合肥	开放、发展、共赢、和谐	第四届中国中部投资贸易博览会
7	2010年(第七届)	合肥	承接转移，创新共赢	皖江城市带承接产业转移示范区推介会
8	2011年(第八届)	合肥	创新合作，共赢发展	中国(合肥)自主创新要素对接会
9	2016年(第九届)	合肥	发展新理念，转型新机遇	16个地级市领导为家乡"站台"
10	2017年(第十届)	合肥	创新发展新理念，"一带一路"新机遇	第十届中国中部投资贸易博览会
11	2018年(第十一届)	合肥	创新驱动、制造引领，拥抱世界新工业革命	2018世界制造业大会

为了给广大徽商和国内外投资者创业创新提供更广阔的舞台，建议由安徽省商务厅牵头组织，重启一年一度的中国国际徽商大会。

七、徽商论坛

徽商论坛作为世界制造业大会的重要组成部分，旨在充分发挥商协会作用，与徽商企业家建立常态化联系，凝聚徽商力量，展示安徽新形象，搭建政商学各界合作共赢的桥梁和舞台。自举办以来，徽商论坛的知名度不断提升，已经成为安徽开放型经济的标志性活动之一，是安徽"双招双引"、开放合作和形象展示的高端交流平台。徽商论坛会聚国家部委和地方党政主要领导、徽商精英、知名专家学者，已经成为政商产学研交流互动的资源整合平台和需求对接平台。面对新时代安徽高质量发展的新阶段，徽商论坛不断发展，为地方政府、开发园区的招商引资、项目对接提供全链条、集成式服务。截至2023年底，徽商论坛共举办了15届（见表32）。

表32　历届徽商论坛一览

序号	届次	举办时间	主题	主办地
1	第一届	2005-05-18	徽商与安徽崛起	合肥
2	第二届	2006-05-16	弘扬徽商文化,促进安徽崛起	香港
3	第三届	2007-05-18	弘扬徽商精神,促进安徽崛起	合肥
4	第四届	2008-05-18	新徽商崛起与承接产业转移	黄山
5	第五届	2009-04-26	新环境、新趋势、新机遇	合肥
6	第六届	2010-06-20	承接与跨越	合肥
7	第七届	2011-11-09	创新与徽商	合肥
8	第八届	2016-10-18	创新调转促,开放闯新路	合肥

续　表

序号	届次	举办时间	主题	主办地
9	第九届	2017-05-17	打造内陆开放新高地,奏响徽商发展最强音	合肥
10	第十届	2018-05-25	拥抱智造时代,共享美好生活	合肥
11	第十一届	2019-09-20	聚力徽商智造,赋能高质量发展	合肥
12	第十二届	2020-09-12	云聚徽商,智造未来	合肥
13	第十三届	2021-11-19	广聚天下徽商,赋能"双招双引"	合肥
14	第十四届	2022-09-20	感召天下徽商,赋能制造强省	合肥
15	第十五届	2023-09-20	汇聚徽商力量,迈向智造强省	合肥

（数据由安徽财经大学新徽商研究中心整理）

徽商国际化

近年来，安徽企业加速走出去，深度参与全球产业分工和合作。在巴西的公路上，随处可见奇瑞汽车的标志；厄瓜多尔米拉多铜矿成吨运往铜陵有色金属集团；阳光新能源的光伏、风力发电站遍布越南、智利、澳大利亚、西班牙等10多个国家和地区……安徽在更大范围、更深层次、更高水平上加强国际合作，不断扩大高水平对外开放。安徽始终把打造国际化一流营商环境作为推进高水平对外开放的重要抓手，推动全省开放型经济实现新突破。

海螺集团在6个国家建设17个实体工厂；丰原集团在泰国建成8万吨/年柠檬酸生产线，在巴西建设50万吨/年玉米深加工厂；奇瑞汽车海外总产能达到20万台/年；专注于工业机器人智能制造的芜湖埃夫特先后并购了意大利3家工业机器人领域企业……截至2023年底，安徽开展国际产能合作境外企业达371家，实际对外投资83.6亿美元，分布在全球96个国家和地区。

一、徽商国际化的"双向奔赴"

截至2023年底，安徽"走出去"企业完成并购项目82起，分布在全球26个国家和地区，中方协议投资额达31.7亿美元。从并购行业来看，主要集中在智能机器人、汽车零部件、矿产开发、生物医药等行业；从并购区域来看，主要分布在意大利、澳大利亚、美国、德国等地。

2023年，安徽对外非金融类直接投资达到23.3亿美元，增长35.9%，对外投资总量跃升至全国第9位、中部第1位。截至2023年底，安徽共有596家企业开展了非金融类境外投资，设立1011家境外企业，分布在全球99个国家和地区。与此同时，2023年，安徽新设外商投资企业602家，同比增长26.7%。安徽在聚焦贸易发展、吸引外资和平台支撑等方面，进一步强化改革攻坚、凝聚工作合力，更大力度、更高标准创建国际化一流营商环境，不断扩大对外影响力。

2024年1月5日，江淮汽车发布了《安徽江淮汽车集团股份有限公司2023年12月产、销快报》。数据显示，2023年江淮汽车全年累计出口16.96万辆，同比增长47.99%。

2023年1—12月，安凯客车出口销量整体增幅达169.33%，其中大中型客车增幅203.39%，位列全国客车出口市场第一梯队，成为一张展示中国客车产业制造的闪亮名片。

2023年，奇瑞集团年出口汽车937148辆，同比增长101.1%，已经连续21年位居中国品牌乘用车出口第一。

2023年，比亚迪乘用车出口达24.2万辆，同比增长334%。

在包含轻客的新能源客车整体出口排名中，比亚迪以 3148 辆稳居行业第一，也是我国唯一一家新能源客车出口销量超过 3000 辆的客车企业，同比增长 52.82%，市场份额为 26.65%。

二、知名徽商企业国际化之路

阳光电源。阳光新能源从 2018 年开始就深入共建"一带一路"国家和地区，已形成以国内为根基、海外快速发展的多元协同产业布局。2023 年 10 月，阳光新能源哈萨克斯坦阿克莫拉州二期 56MW 风电项目、Dostyk 50MW 风电项目正式并网。电站并网后每年将为当地电网带来 2.3 亿度清洁电力，极大缓解哈萨克斯坦东南部电荒问题，同时创造 100 多个工作岗位，为当地经济发展与生态保护提供强劲支撑。截至 2023 年底，阳光电源在全球累计开发建设光伏、风力发电站超 40 GW，其中海外项目开发规模超 9 GW，累计境外投资额约 17 亿美元，在"一带一路"共建国家和地区开发的光伏、风电项目容量累计达到 3.4 GW。

奇瑞汽车。奇瑞汽车已经深耕海外市场 20 多年。目前，奇瑞在全球建立了六大研发基地，在巴西、埃及、中亚等地共建有 10 个海外生产基地，在俄罗斯、墨西哥、土耳其、澳大利亚、印度尼西亚、马来西亚等国家和地区投资建设自有营销网络。奇瑞是在海外建厂最多的中国车企，在马来西亚、墨西哥、巴西、阿根廷、委内瑞拉、俄罗斯、伊朗与埃及等国均有 KD 工厂。2023 年 7 月，奇瑞宣布了一项重要战略，该公司将分别在印度尼西亚、马来西亚和泰国设立工厂，作为 ICE/PHEV/BEV 生产基地，实现车型互补、优势互补，从而实现东盟地区车型全覆盖。2024 年 4

月 19 日，奇瑞汽车同西班牙汽车公司 Ebro-EV Motors 签署协议，将在巴塞罗那成立合资企业生产新型电动汽车。协议项目共投资 4 亿欧元（折合人民币约 30 亿元），预计将在 2024 年三、四季度率先投产燃油和纯电的欧萌达 5 车型，2027 年年产量预计达到 5 万辆。该生产基地是奇瑞在欧洲的第一个生产基地，也是第一个在欧洲生产汽车的中国汽车品牌。以整车出口、CKD 组装、代工贴牌及全工艺工厂等多种"走出去"形式并举，奇瑞已经完成了从最初"卖产品"的单纯贸易到"品牌营销"，实现了从"走出去"到"走进去""走上去"的结构性转变。

安徽中鼎。自 2008 年开始，安徽中鼎以"全球并购，中国整合"战略走出一条有特色的全球化之路。在收购美国 Precix 公司、德国 KACO 公司、法国 TFH 公司后，中鼎通过整合并购企业的品牌和营销渠道及核心技术，迅速崛起，成为全球非轮胎橡胶制品 50 强企业。中鼎集团把"走出去"与"引进来"相结合，引导被并购的海外企业在中国设厂。目前，中鼎在国内先后设立中鼎金亚、中鼎精工、施密特管件等多家反向投资企业，累计引进外资 1.2 亿美元，实现年产值超 30 亿元。通过海外并购企业的反向投资，中鼎合理利用境外资金，避免直接分利带来的税费损失，同时也将海外企业先进的技术和管理经验引入国内，带动国内相关企业的技术和管理提升。

比亚迪。2016 年，比亚迪在匈牙利建造电动大巴制造厂。2017 年是比亚迪在海外密集建厂元年，这一年，比亚迪投资 2.9 亿美元在美国建立电动大巴工厂。同年，比亚迪在印度马哈拉斯特拉邦的工厂启用，年产能为 18 万辆，该工厂主要生产比亚迪 F0、比亚迪 E6 等车型。同年 12 月 9 日，比亚迪与摩洛哥政府签署协议，确定在摩洛哥北部城市丹吉尔设立工厂，生产电池、大型电动汽车和单轨电动列车。该工厂于2021年正式投产，年产能10万辆。2022年9月，比亚迪投建泰国工厂，这是比亚迪的首座海外新能源生产基地，年产能为15万辆。2023年7月，比亚迪宣布将投资30亿雷亚尔（折合人民币约45亿元），在巴西卡马萨里市设立生产基地。除了生产汽车之外，该基地还参与当地锂矿的开发。2023年10月，比亚迪公司董事长王传福在乌兹别克斯坦塔什干签署"在乌兹别克斯坦组织生产电动和混合动力汽车及其零部件"投资协议。按照该协议，比亚迪将分三期完成投资，实现每年30万辆的产能。2023年12月22日，比亚迪宣布将在匈牙利塞格德市建立新能源汽车整车生产基地。

蔚来汽车。自2022年进驻欧洲以来，蔚来在丹麦、德国、荷兰、挪威和瑞典等欧洲主要市场已推出6款车型，并开设了7家蔚来中心，在欧洲大陆开设了43个换电站。同时，蔚来还实现了"运河和城堡"之间的电动旅程，让用户可以在荷兰鹿特丹和德国慕尼黑之间的自驾途中欣赏美丽景色。2024年4月8日，蔚来欧洲智能驾驶技术中心正式启用，该中心位于德国柏林附近的舍内费尔德，是蔚来在海外地区建立的首个与智能驾驶相关的技术中心，进一步深化了蔚来的全球布局。2024年5月23日，阿姆斯特丹蔚来中心正式开业，蔚来创始人李斌出席活动并剪彩，这是蔚来继鹿特丹蔚来中心之后在荷兰开设的第二家蔚来中心。

安徽合力。2024年5月23日，安徽合力发布系列公告，拟选址德国黑森州，投建欧洲总部及海外（德国）研发中心，旨在进一步提升国际区域市场竞争力。欧洲总部将由安徽合力及其控股子公司合力进出口公司合资设立，合计出资额为640万欧元，其中安徽合力投资 608 万欧元，直接持股比例为 95%，合力进出口公司投资 32 万欧元，持股比例为 5%；海外（德国）研发中心将由安徽合力全资持有，投资额为 94 万欧元。安徽合力表示，前述项目投资所需资金由公司自筹解决。从经营范围来看，合力欧洲总部主要开展工业车辆整机及配件的进出口贸易、工业车辆整机及配件的属地销售及售后服务、设备租赁、渠道管理等；海外（德国）研发中心则主要聚焦市场调研、工业车辆产品研发、工程机械零部件、智能物流和工业互联网等技术研发及技术服务领域。

为响应国家发展战略，深化"一带一路"国际合作，安徽重点支持新能源汽车、智能家电、绿色食品、农业等行业骨干企业在共建"一带一路"国家和地区投资布局；支持路桥、房建、水电等优势企业参与共建"一带一路"国家和地区重大基础设施建设运营；加快推进国轩高科、广信农化等一批新项目建设，推动中铁四局、中煤矿建、安徽建工等工程企业积极开拓基建市场。

三、外国人喜爱的徽商品牌

2022 年，首届"外国人喜爱的中国品牌"活动由新华社民族品牌工程办公室、中国经济信息社、今日中国杂志社、中国网主办，新华社新闻信息中心、新华社新媒体中心、新华网、参考消息报社、中国新华新闻电视网（CNC）、中国广告联合有限责任公司联合主办，中国名牌杂志社提供支持。该活动旨在积极响应品牌强国战略，讲好中国品牌故事，塑造中国品牌形象，推动"中国品牌，世界共享"，展示可信、可爱、可敬的中国形象。该活动每年评选 50 个外国人喜爱的中国品牌。2022 年入选的徽商品牌有比亚迪、美的、奇瑞，2023 年入选的徽商品牌有比亚迪、美的、迈瑞、奇瑞，2024 年入选的徽商品牌有比亚迪、联想、美的、奇瑞、洽洽。

徽商文化传承

家乡，一个承载着美好回忆、常让在外游子牵挂的地方。如果说家乡是异地徽商群体梦想的出发地、心灵的栖息所，那么异地商会就是他们在外的"娘家"。他们在商场上运筹帷幄、激流勇进，但反哺家乡、助力家乡经济建设也一直是他们不忘的初心。

"山重水复疑无路，柳暗花明又一村。"一条石板小路的前头，一片水口园林的背后，总有一座如诗如画的徽州古村落，给你带来几分惊喜、几分温馨。一座徽州古村落就是一部二十四史，一本百科全书。徽州古村落历经千年的风雨洗礼，积淀了深厚的徽州文化，天下徽商可以在粉墙黛瓦间触摸沉淀千年的时光。

一、安徽历史文化名城

中华五千年的历史孕育出了一些因深厚的文化底蕴和发生过重大历史事件而青史留名的城市。这些城市，有的曾是王朝都城，有的曾是当时的政治、经济重镇，有的曾是重大历史事件的发生地，有的因为拥有珍贵的文物遗迹而享有盛名，有的因为出产精美的工艺品而著称于世。它们的留存，为人们回顾中国历史打开了一个窗口。1982年2月，为了保护那些曾经是古代政治、经济、文化中心或近代革命运动和重大历史事件发生地的重要城市及其文物古迹免受破坏，"历史文化名城"的概念被正式提出。根据《中华人民共和国文物保护法》，"历史文化名城"是指保存文物特别丰富、具有重大历史价值和革命意义的城市。

从行政区划看，历史文化名城并非一定是"市"，也可能是"县"或"区"。截至2023年3月15日，国务院已将142座城市列为国家历史文化名城，并对这些城市的文化遗迹进行了重点保护。安徽现有7座国家历史文化名城，即1986年获批的亳州、歙县、寿县，2005年获批的安庆，2007年获批的绩溪，2021年获批的黟县、桐城。

安徽历史文化名城认定始于1989年，要求保存文物比较丰富；历史建筑、革命纪念建筑集中成片；保留着传统格局和历史风貌；历史上曾经作为政治、经济、文化、交通中心或者军事要地，或者发生过重要历史事件，或者其传统产业、历史上建设的重大工程对本地的发展产生过重要影响，或者能够集中反映本地建筑的文化特色、民族特色；在所申报的历史文化名城保护范围内有1个以上的历史文化街区。安徽现有13座省级历史文化名城，即1989年获批的安庆（2005年升国家级）、桐城（2021年升国家级）、黟县（2021年升国家级），1990年获批的凤阳，1996年获批的绩溪（2007年升国家级）、潜山、涡阳、蒙城、宣州、和县、贵池，2019年获批的滁州，2024年获批的黄山。

二、省外徽商主题建筑

这里的省外徽商主题建筑指全国各地所建的安徽大厦、徽商大厦、徽商酒店与徽菜馆等。

徽商分布在全球各地，许多省外的徽商组织为了徽商的发展建设了安徽大厦或徽商大厦，开设了徽商酒店或徽菜馆。无论是安徽大厦还是徽商大厦，无论是徽商酒店还是徽菜馆，因为有"徽"，都促进了徽商文化的传承。

（一）安徽大厦

安徽大厦一部分是在安徽省 20 世纪末在首都和特区设立的窗口公司或办事处基础上建设的，一部分是异地的安徽商会推动建设的。现有的安徽大厦主要有以下五个：

（1）北京安徽大厦。楼高 17 层，是安徽省人民政府投资兴建的三星级涉外酒店，1997 年开业。

（2）深圳安徽大厦。楼高 31 层，位于深圳深南路与香蜜路交会处，是由深圳安徽实业总公司开发建造的纯写字楼（乙级）建筑。

（3）珠海安徽大厦。楼高 24 层，位于珠海市明珠南路 3094 号，1998 年建成。

（4）西安安徽大厦。楼高 27 层，由陕西省安徽商会会长企业投资建设，已被打造成西安北郊的一张城市名片。

（5）舟山安徽商会大厦。2018 年 12 月 16 日，舟山市安徽商会 2018 年年会暨舟山安徽商会大厦揭牌仪式举行，这是舟山市第一座异地商会大厦。

（二）徽商大厦

徽商大厦是徽商商会或徽商企业投资兴建的场所。现有的徽商大厦主要有以下六个：

（1）嘉兴徽商大厦。楼高29层，由嘉兴安徽商会企业——嘉兴徽商置业有限公司建造，坐落于嘉兴市南湖新区。

（2）武汉徽商大厦。楼高30层，由湖北徽商投资有限公司建设，位于武汉东湖开发区武大园路和大学园路交叉口旁。

（3）南京徽商大厦。楼高28层，是南京安徽商会与绿地集团合力定向打造的一座位于南京南站南广场核心位置的项目，为南京的徽籍企业同仁提供了一个更为密切的互通协作平台。

（4）昆山徽商大厦。楼高27层，由昆山安徽商会部分会长单位投资建造。

（5）九江徽商大厦。位于八里湖中央商务区，是一座拥有3幢高楼共计11万平方米的徽商商务中心。

（6）杭州徽商大厦。楼高16层，位于杭州市拱墅区祥符街道花园岗社区居民委员会附近。

另外，在建的徽商大厦还有辽宁徽商大厦、中山市徽商大厦。

（三）徽商酒店

现有的徽商酒店主要有以下五个：

（1）柳州徽商国际大酒店。该酒店是由柳州徽商企业家斥资5000万元打造的一家高星级国际商务酒店。

（2）临沂徽商国际酒店。该酒店是由临沂安徽商会打造的创业项目，装潢以博大精深的徽文化为主题，以徽派建筑为形式，辅以现代建筑材料，彰显皖南小镇风情，可以品徽茶、品徽菜、赏徽景。

（3）昆明徽商国际酒店。该酒店地处昆明长水国际机场内部路，酒店功能设施齐全，以儒家文化来指导经营。酒店秉承"至善、至诚、至情"的服务理念，深刻体现徽文化的深刻底蕴，将休憩与商旅需求完美结合，为顾客提供宾至如归的入住体验。

（4）呼和浩特徽商大酒店。该酒店位于呼和浩特市新城区哲里木路与北二环交汇处，以徽派建筑为主，古朴典雅、温馨舒适。

（5）新疆哈密伊吾徽商大酒店。该酒店位于新疆哈密市伊吾县淖毛湖镇，地理位置优越，距离胡杨林风景区仅10千米。该酒店主要经营餐饮与住宿，由徽商周克峰创办。

（四）徽菜馆与徽菜

苏州、杭州等地的徽菜馆，遍布全国的徽菜酒店品牌如小菜园、安徽人家、同庆楼、徽宴楼、杨记兴、披云山庄等，都较好地传承了徽商文化。徽菜从八大菜系末端一跃成为北京市场占有率第四的菜系，在全国餐饮市场占有率达4%。2023年，黄山市徽菜产业综合产值超210亿元，徽菜名菜臭鳜鱼年产值超40亿元。

黄山旅游发展股份有限公司旗下徽商故里酒店集团已在北京、天津、山东、浙江、上海等地布局门店。徽商故里每座门店古色古香的装潢风格、标志性的徽派门头、由表及里的黄山元素和徽文化元素，都营造着从徽菜美食到徽文化的综合体验。

三、徽商的广告艺术与启迪

徽商风云商界几百年，他们以"诚"取"信"，用"和气"生"财"，凭"童叟无欺"赢来发展壮大，传承了一批徽商老字号，这与徽商在经营过程中的广告艺术有一定的关系。与现代的高科技广告相比，过去徽商丰富的广告形式丝毫不逊色，而他们积极的竞争意识、应地应时的宣传谋略、努力追求文化的品位、敢于思考勇于创新的商业头脑等，值得当今商人学习和借鉴。

（一）徽商的主要广告形式

1.标志性招牌——匾额

传统行业早期进行产品交易的最直接场所，往往就是商铺店堂，所以这里也是最佳广告展示之地。其中，占据店堂"C位"的匾额是徽商最在意的"广告"。徽商为了展示自己的文化水平以及经营宗旨、经营理念，在匾额的形式及命名上都颇为讲究，常常不惜重金聘请书法家或者本地名流为其题写匾额。好的匾额不仅能吸引人们的注意，还能招徕潜在的生意。流传至今的"同德仁"药店、"程德馨"酱园、"胡开文"徽墨等百年老店，其店名牌匾都是由传统的"黑底"饰以金字装点，书写艺术自如秀逸、稳重大气，并带有鲜明的行业性、含蓄性及艺术性，能让人一眼记住，也更容易取得顾客的信任，更是品牌闻名遐迩、经久不衰的有力见证。

2.浓缩版广告——商业楹联

商铺楹联，也被称作"商业楹联"，长年累月立于街面之上，供人赏读品味。从实用功能出发，商业楹联首先得具有明显的商业性，能起到广告宣传、吸引注意、招徕顾客、刺激消费、增强竞争力、促进销售的作用。为达到这样的效果，就要在简洁、明了的语言形式中传递足够且有效的商业信息，如经营范围、商品功能、质量、价格等。如祁门商人开的"九成斋"药店门前挂有一副楹联，直接向顾客阐述了药丸的精细制作过程，"九晒九蒸，秉良心，晒蒸九次；成丹成散，遵古法，丹散成功"。休宁"胡开文"墨庄制作的"集锦墨""苍佩室"被清王朝选为贡品，胡开文也成为清代徽墨四大家之一，其墨庄楹联就简明扼要地总结了徽墨的特点："清有余润，研无留迹，落纸如漆；千载存真，装饰考究，便于珍藏。"楹联虽是无声的广告，但寥寥数字却胜过千言万语。

3. 最直接的广告——吆喝

徽商在营销中有一套出奇制胜又独树一帜的吆喝妙招，这招奇妙的"吆喝"，以小见大，用物传声，听音知货，各成特色。

鞭赶吆喝。古徽州买仔猪的货源，大多来自浙江淳安、遂安和本土歙南。经营者成批购好仔猪后，用细竹鞭赶至各地的仔猪行，卖给养猪户。鞭赶时，一头一尾两人不时甩动竹鞭，发出"啪啪"的响声，赶猪人不时唤着"汪叨叨"，仔猪"咚咚咚"地跟着走。临村近舍想养猪的人，便随着"鞭赶"去猪行挑选购买。

号衣队吆喝。一些经营上规模的商家，为推销产品，或有新货上市，或举行重要行销活动时，会组成统一号衣，敲锣打鼓，扯旗扛幅，抬着商品上街游行。如绩溪徽商在杭城开的药铺"胡庆余堂"，研制出一种新药"全鹿丸"时，就抬着活鹿，捧着

"全鹿丸"上街吆喝。

幡幌吆喝。幡幌多为布料制成，广为楼、堂、馆、坊、栈商家所用。他们以幡幌上的图案来寓意商品，以此招徕顾客。苏浙的徽商在幡幌上，用"徽"字作背景，配有"剪"或"尺"图案的是布庄，配有"酒器"图案的为酒楼、饭店，配有"秤"图案的多为南货或米、面店铺，顾客认幡进店消费。明代诗人林中谋曾在金华（浙）恒泰楼商号内留下"幡幌指点客人迷，毋须叫卖便得利"的诗句。

灯饰吆喝。每逢店庆和民俗庆典时，徽商会在宫灯、笼灯、琉璃灯上画上营销图案，或写上吉祥语，高悬店铺门楣上，增添喜庆，张扬地方风物，借以招揽生意。

对联吆喝。康熙年间，歙人王致和在北京开豆腐店，其经营的"大呆臭"（徽州臭豆腐）很好吃。一日康熙帝到店吃臭豆腐，满嘴余香不散，又十分开胃，当场御书"青方"二字相赠。咸丰年间，新科状元孙家鼐慕名前来品尝"青方"，写下"致君美味传千里，和我天机养寸心"的对联相赠，致使大呆臭豆腐誉满京华。

敲击吆喝。徽商根据其经营商品的特色和文化内涵，独具匠心，做出符合自己商品特点的敲击物，通过独特声音招徕顾客。比如听到"叮铃铃"的悦耳声，人们就知道是卖点心（馄饨）、油条、油馃的来了。碗口大小的铜锣，中间装上手柄，锣两边钻洞按上小甩锤，商贩挑着担子边走边甩打小铜锣，声音既好听，又传得远。卖布匹、针头线脑、杂货的，则用碗口大小的皮鼓，当中装上手柄，两边按上小甩锤，边走边甩皮鼓，"咚咚咚"地响个不停。还有卖饼糖、糕点的用铁锤敲小钢板发出"叮当当"

的金属撞击声。

4.最豪的广告——活动冠名

资金充裕的徽商，还会通过举办游乐节目吸引游客扩大影响。徽州木商每年在贸易地举行徽州灯会，灯内还有纸扎的戏台，安置了一些人物，用机关牵动。木商们在通衢要道架设松棚，并于棚中奏乐，棚上下四旁缀着华丽的大灯，放眼望去满街灯火，无论是达官贵人还是普通百姓都前往观看。这样浩大的声势，自然为木商们做了宣传。其他类似游乐节目还有搭台演戏、诗文酒会、品评书画等，徽商借此招徕居民游客和文人雅士，借机宣传自身，效果明显。

5.最贵的广告——"传单"

早在宋代，徽商便经常邀请名人为自家的商品撰文作诗，然后刻印成宣传资料散发，以扩大宣传。到了明清时期，徽州制墨业竞争十分激烈，这种方式更是风靡一时，而其中最让人津津乐道和匪夷所思的当属程君房的《程氏墨苑》。在明代制墨业中，以程君房与方于鲁之间的竞争最为激烈，二人本有旧怨，又是彼此最大的对手，因此为了胜过对方可谓不惜血本。明万历十六年（1588年），方于鲁请"一代巨公，千秋文侣"汪道昆和其弟汪道贯撰写《墨赋》《墨铭》等文，又请来精工图绘墨品358种，编纂成八卷《方氏墨谱》，一时之间名声大振。程君房自然不肯示弱，请来当时的名画家丁云鹏绘图，木刻名工黄镜、黄应泰、黄应道镌刻，编撰了一本《程氏墨苑》。《程氏墨苑》收录名墨图案520种，其中包括50幅彩绘，不仅如此，书中还收录了董其昌、申时行等诸多文人雅士所做的17篇序，可以说，《程氏墨苑》早已超过了广告本身的价值，成为中国版画史和印刷史上的一个杰作。

（二）徽商广告艺术的启迪

随着社会的发展，人们生活方式发生改变，特别是移动互联网时代，过去徽商的精彩吆喝渐渐远去，有的已成为美好的记忆。人们回想起这些耳熟能详的徽商吆喝，仿佛已闻到美味，见到心爱的货品。徽商广告艺术给予我们以下启迪：

创意为王。无论什么类型的广告，都要运用创新思维和独特视角，精心策划广告内容，吸引受众的注意力，传达品牌价值；要能够触动人心，激发情感共鸣，进而提升品牌形象，促进产品销售。

投放适当。在进行广告投放之前，先要了解受众的兴趣、需求和行为习惯，制定相应的广告投放策略；根据受众的行为习惯和广告目标，选择合适的投放时间，以最大化广告效果；根据受众的地域特征和广告目标，选择合适的投放地域，以提高广告的精准度和效果。

动感增效。今天的广告媒介层出不穷，广告形式绚丽多彩，为了提升广告效果，打造"网红"品牌，需要在广告动感方面发力，运用科技手段来增强广告效果。

管控得当。有效的广告需要管控得当，因为明星代言、事件营销等都会存在诸多不确定性，网红很难"长红"，流量容易"流失"，有效的管控对广告来说尤显重要。

总之，广告源于生活。作为商人与顾客交流的重要媒介，广告的艺术就在于让优质的产品卖得更好，要从逻辑研究开始，制定战略，向消费者做出承诺，最后以智慧和美感说服消费者开心购买。

四、徽商"新课程"赋能"徽商二代"

曾经纵横商场的家族企业"掌门人"正逐步退向后方，众多徽商企业正面临由"创一代"向"企二代"交棒的关键时期。

"企二代"克服不愿接、不会接、不敢接的烦恼，以自己的方式开启了徽商企业新征程。

近年来，由安徽省工业和信息化厅主办，上海交通大学、北京大学、浙江大学等高校承办的安徽省新徽商培训工程创业新人赋能专题培训班开办了多期。高校根据学员们的实际需求安排课程，让每位学员带着问题进课堂，实现课堂教学与企业研学相结合，实战性很强。

企业传承不是简单的财富"交接"、接棒固守，而是需要在新形势下适应时代的变化，实现高质量可持续发展。学员纷纷表示，通过新徽商培训，系统地掌握了企业管理的理论知识；从宏观经济形势到微观企业运营，从战略管理到资本运作，从人力资源管理到市场营销，都有了更加深刻的理解；对企业运作中可能遇到的问题有了更清晰的认识，对新形势下企业家更好地应对市场竞争有了更明确的方向，对未来企业发展规划有了更清晰的思路。

新徽商培训工程是安徽省工业和信息化厅贯彻落实省委、省政府进一步推进安徽经济高质量发展的重要举措。据了解，自2019年以来，安徽省经济和信息化厅（2024年改为安徽省工业和信息化厅）通过政府购买服务，持续实施安徽省新徽商培训工程，每年预算500万元，委托三所高校承办新生代接班、高管能力提升、创业新人赋能三个专题培训班，分别对应了企业在三个发展阶段的不同需求。每班 30～50 人，每月面授两天，学制一年。目前已累计培训 5000 余人次，提供精彩课程 200 余个。

人才是企业发展的重要保证。安徽省工业和信息化厅相关负责人表示，实施新徽商培训工程以培养造就优秀企业家为重点，遵循企业经营管理人才成长规律，创新人才培养模式，以高端引领、统筹推进、注重实效为基本原则，引导企业家努力成为新时代构建新发展格局、建设现代化经济体系、推动高质量发展的生力军，推动企业发挥更大作用，实现更大发展，为全省经济发展积蓄力量。

2024 年 3 月 30—31 日，合肥工业大学 EMTA 首期"百名新徽商培育工程"董事长班开课。合肥工业大学校长郑磊教授出席开班仪式并致辞；安徽省政协经济委员会主任、安徽省工业互联网协会会长牛弩韬，合肥工业大学原校长梁樑教授，合肥工业大学副校长吴华清教授分别做主题授课；来自全省各行业的 58 位徽商企业家现场聆听了课程，课堂气氛热烈。

安徽省省长王清宪针对安徽发展战略布局，多次强调"利用市场的逻辑、资本的力量、平台的思维"来夯实产业发展基础，着力培养"懂科技、懂产业、懂资本、懂市场、懂管理"的复合型科技产业组织"五懂"人才。合肥工业大学成立 EMTA 教育中心，正是进一步落实省长王清宪的战略部署，在"五懂"基础上整合国内顶级教育科技资源进行"五链"融合创新，围绕创新链、产业链、资本链、人才链和政策链，培养引领科技产业发展领军人才的新举措。

近些年，以人工智能为代表的新一轮科技革命正在深刻改变我们的生产、生活方式，但正如中央高层多次强调，"我国科研与经济两张皮，联系不够紧密"。可以说，如何打破科技、经济"两张皮"的藩篱和阻力，是中国经济产业亟待解决的问题，中国企业家要想破局，就要通过学习来扩大认知视野，就要通过实践来提升操盘能力。

附　录

2023年徽商大事记

1. 安徽江南徽商研究院第三届理事大会。2023年2月18日，安徽江南徽商研究院第三届理事大会在芜湖殷港小镇艺创会议中心召开。芜湖市相关单位领导以及安徽江南徽商研究院全体理事参加会议。安徽顶峰艺创集团董事长夏云兴当选为第三届理事长，安徽财经大学新徽商研究中心主任王唤明当选为第三届院长。

2. 第七届徽商奥斯卡全球年度盛典。2023年3月17日，由安徽日报报业集团指导，徽商传媒、徽商杂志社、徽商网联合主办的第七届徽商奥斯卡全球年度盛典在合肥大剧院举行。经过资格审查、榜单公示、专家评审等，54位徽商企业家、10家商会组织以及10个徽商品牌从98位候选人、22家候选商会、24个候选品牌中脱颖而出登上榜单。

3.2023徽联汇（黄山）年会。2023年3月17—18日，"迎客新徽商·共享新机遇"2023徽联汇（黄山）年会在黄山举办。黄山市工商联领导，黄山市安庆商会、黄山市总商会和徽联汇主要负责人，以及来自全国11个省份的200多位徽联汇徽友代表参会。

4.首届全球徽商上海论坛。2023年3月22日，上海市安徽商会会员大会暨首届全球徽商上海论坛在上海国际会议中心举行。千名徽商、两院院士、沪皖两地省市县相关领导、在沪省级商会和多地安徽商会会长、15个国家驻沪总领事及代表、知名跨国公司负责人等1200余人参加大会。会上，19位嘉宾围绕新时代机遇、"两个健康"、长三角一体化等热门话题作重要分享。

5.第二届中国宜商大会暨宜商总会成立大会。2023年4月4日，第二届中国宜商大会暨宜商总会成立大会在安庆举行。近600名宜商代表会聚美丽宜城，共谋安庆未来。会上，24个宜商项目集中签约。2023年以来，各地宜商情系家乡、携手共赢，为安庆发展作出了重要贡献。据不完全统计，2023年全年宜商回归投资项目62个，协议总投资额298亿元。

6.2023年春季全国徽商践行"双招双引"投资对接合作交流大会。2023年4月11日，时光向前 安徽向上——2023年春季全国徽商践行"双招双引"投资对接合作交流大会在合肥召开。大会主题为"深入贯彻二十大会议精神，全面开创徽商事业新局面，全力助推安徽发展'皖美跃升'"。来自全国200多家徽商商会的会长、副会长、秘书长，省内各招商部门和开发园区相关负责人共计600余人参会。

7.首届亚太徽商自贸港高峰论坛。2023年4月13—15日，由三亚安徽商会主办的首届亚太徽商自贸港高峰论坛暨"双招双引"活动在海南博鳌亚洲论坛国际会议中心举行。来自亚太地区20多个国家驻华大使及代表、国内外300余位徽商企业家、30个政府"双招双引"代表团以及自贸港各行业代表参会。

8.徽商西湖论坛。2023年4月14日，杭州市安徽商会举行会员大会暨徽商西湖论坛。本届徽商西湖论坛会聚了政界、学界专业人士及在杭皖籍企业家，与会嘉宾聚焦当下热点，共谋发展之策，为杭州市安徽商会会员企业发展注入新动能。2023年，杭州市安徽商会设立了"徽商书院"，助力打造学习型商会组织。

9."新时代新徽商2022年度人物"大型融媒体行动。2023年4月18日，由安徽省工商联、安徽广播电视台联合策划、主办，中国农业银行安徽省分行独家冠名的"新时代新徽商2022年度人物"大型融媒体行动在安徽广播电视台演播厅启动。该活动旨在报道新徽商成就，弘扬新徽商精神，凝聚新徽商力量，增强新徽商回报乡梓的责任感、使命感、荣誉感。在已经成功举办的两届活动中，采访报道了近百位徽商企业家，涵盖新能源、新材料、新文旅、大数据、大健康、人工智能、生物医药等众多产业和领域，推出了王文银、洪清华、刘庆峰、李斌、许礼进、方同华等20位新徽商年度人物。这些优秀的新徽商代表，从创业到创新，从创富到"共富"，勇立潮头、敢为人先、诚信立业、回报乡梓，秉承和演绎着属于这个时代的企业家精神。

10.第二届天下徽商圆桌会议。2023年5月27日，由安徽省人民政府主办的第二届天下徽商圆桌会议在合肥召开。来自全国各地的20多位优秀徽商企业家、投资人欢聚一堂，将一腔乡愁化为助推家乡高质量发展的强大动力。乡音未改，乡情愈浓，家乡的盛景盛情，无不让"回家"的游子们心潮澎湃，"投资安徽，与机遇同行"，令人振奋。

11.2023 世界制造业大会徽商论坛。2023 年 9 月 20 日，由安徽省人民政府主办，安徽省人民政府发展研究中心，安徽省人民政府驻北京办事处、驻上海办事处、驻广州办事处，安徽国际徽商交流协会承办，安徽省合作交流办协办，决策杂志社（安徽创新发展研究院）具体承办的 2023 世界制造业大会徽商论坛在合肥举行。各级领导、知名院士专家、省级商会会长、500 强企业和上市公司高管、省内外知名徽商代表和投资人等近 400 人出席论坛。本届论坛以"汇聚徽商力量 迈向智造强省"为主题，与会嘉宾围绕当前经济发展、打造先进光伏产业高地、商会服务安徽融入长三角一体化、数字经济助力徽商挖掘"产业富矿"和新时代企业家精神等发表主旨演讲，展开徽商论道，进行徽商对话。论坛上还为 10 位"2023 徽商年度创新人物"颁奖，并发布了《徽商发展报告 2023》。

12.2023 徽商传媒全球理事会、名媛荟联谊会暨凤阳县"双招双引"推介会。2023 年 11 月 15—16 日，200 余位徽商企业家、商会代表齐聚于凤阳，共赴 2023 徽商传媒全球理事会、名媛荟联谊会暨凤阳县"双招双引"推介会（简称"徽商联谊会"），探索、赓续新时代的"小岗精神"，提振信心和干劲，推动徽商高质量发展。此次徽商联谊会由安徽日报报业集团指导，徽商传媒、徽商杂志社、凤阳县人民政府主办，合肥登特菲医疗设备有限公司战略合作，安徽文王酿酒股份有限公司协办，皖约葡萄酒特别支持。

13.徽商总会成立大会。2023 年 12 月 20 日，2023 徽商助力安徽高质量发展大会暨徽商总会成立大会在合肥召开。大会由中共安徽省委、安徽省人民政府主办，中华全国工商业联合会支持，旨在进一步传承徽商精神、凝聚徽商力量、打响徽商品牌、赋能徽商发展，助力安徽高质量发展。王传福当选名誉会长，杨元庆当选会长，桂四海当选监事会主席，李西廷当选顾问，尹同跃、刘庆峰、洪清华当选执行会长。安徽省直有关单位，各省辖市党委或政府主要负责同志，部分省级总会（联合会）负责人，省、市工商联负责同志以及徽商总会第一次会员代表大会全体代表约800人参加会议。

14.徽商文化思享会。2023年12月20日，2023徽商助力安徽高质量发展大会暨徽商总会成立大会之徽商文化思享会在合肥举行。徽商研究专家、海内外徽商商会会长、徽商企业家代表和徽商团体代表等近300人参会。本次活动以"传承徽商文化 助力安徽发展"为主题，与会嘉宾围绕新时代徽商精神展开观点分享和思维碰撞。

15.2023国际徽商精英年会。2023年12月27日，2023国际徽商精英年会暨皖北振兴专场活动在合肥举行。来自全国近200家徽商商会会长、副会长、秘书长，徽商企业家代表和合肥、芜湖及皖北8市招商部门等单位代表500余人参加活动。本次活动以"助推徽商回归开创新局面，促进徽商企业高质量发展"为主题，与会嘉宾共同探讨新形势下皖北地区的发展机遇与挑战，推动区域经济的繁荣与进步，共话徽商美好未来。

关于"新时代徽商精神"的调研报告

安徽省政协专题调研组

2023 年 12 月 20 日

根据安徽省委书记韩俊的要求，唐良智主席亲自部署，省政协成立专题调研组，围绕"新时代徽商精神"开展重大课题研究。调研组先后赴合肥、芜湖、黄山等地深入调研，分别召开省直有关部门、部分媒体、相关研究机构及专家学者和各类企业座谈会，广泛听取意见；在北京、上海、深圳和澳门等地与安徽商会和企业家代表交流研讨，并同步面向社会开展"新时代徽商精神大家谈"征集活动。

调研组认为，徽商精神是徽商群体在长期的商业实践中逐渐形成且为社会所普遍认可的思想意识、道德操守和价值取向，是徽文化的鲜明标识。徽商精神与社会主义核心价值观一脉相承，是徽商留给我们的宝贵财富。当前，安徽正处于厚积薄发、动能强劲、大有可为的上升期、关键期，深入挖掘传统徽商精神的现代内核，总结提炼新时代徽商精神，让徽商精神与时代同频共振，对于坚定信心、凝聚共识、振奋精神、鼓舞干劲，全面建设现代化美好安徽具有十分重要的意义。

现将有关情况报告如下：

一、徽商精神的历史回顾

历史上的徽商（新安商人、徽州商帮）发轫于东晋，成长于唐宋，鼎盛于明清，以经营食盐、茶叶、木材、布匹、丝绸、文房四宝及典当为主，曾纵横商界几百年，驰骋华夏数万里，以其经商人数众、商业资本大、活动范围广、经营行业多、延续时间长，创下"无徽不成镇""无徽不成商"的商业奇迹，成为明清时期实力最为雄厚的商帮，位居十大商帮之首，并在长期的经商实践中创造了灿烂的商业文化，孕育形成了以敢为人先、吃苦耐劳、贾而好儒、崇尚契约、经世济民等为主要共识的徽商精神，对中国经济社会发展产生了举足轻重的影响。

（一）徽商敢为人先、勇于探索

在"重农抑商"的封建社会里，在"七山一水一分田，一分道路和庄园"难以活人的状况下，徽商提出经商不是贱业，"四民异业而同道""贾不负于农""士农工贾，勇往为先"。为求生存，一群群"徽骆驼"走出深山，闯荡世界，坐商行贾。他们将经商作为"第一等生业""籍经商以求富"，是对封建正统的农本商末观念的勇敢突破。徽商的开拓创新更体现在经营方式和经营理念上：从最初经营土特产品发展到盐业、丝绸、木材、典当等行业；从国内经营扩展到海外贸易，徽商邵运茂远赴印尼经商，创造了"一根擀面杖打到苏门答腊"的传奇；从单一走贩到囤积、开张、质剂、回易等多管齐下、交相并用；从独资、合资到股份、合作乃至首推经理委任等，多种经营形式和机制灵活运用、相得益彰，歙县大典商许翁将遍布江浙的四十多所典铺"择贤能者委之"。徽商在商业实践中的积极探索和创新，对中国传统商业文化作出了原创性贡献。

（二）徽商吃苦耐劳、艰辛拼搏

"前世不修，生在徽州，十三四岁，往外一丢。"面对徽州山多人众而地少土瘠的生存困境，徽商从小背井离乡，闯荡四海，跋山涉险于各地，携资贸易于江海，足迹"几遍宇内"，远涉海外，磨炼了吃苦耐劳、艰辛拼搏的精神特质。"一贾不利再贾，再贾不利三贾，三贾不利犹未厌"是徽商不怕挫折、永不言弃的真实写照。哪里有商机，徽商就会走向哪里，但凡有徽商存在，注定"无货不居、无业不营"。他们在逆境中迎难而上、百折不挠，开辟一个个从无到有、从小到大的商家柜店，逐步在激烈的商界竞争中擦亮自己的品牌，赢得广阔的发展空间。清朝歙籍大盐商鲍志道从十一岁起就外出当学徒，虽历尽商途与人生上的无数艰辛，但深信"快乐每从辛苦得"的哲理，终于成就一番大业。胡开文墨业、胡庆余堂、谢裕大茶行、张小泉剪刀、胡玉美酱等"老字号"世代传承，时至今日仍然是一张张响亮的金字名片。

（三）徽商贾而好儒、崇文重教

徽商随着徽文化的兴起而发展，随着徽文化的繁荣而兴盛。徽商区别于其他商帮最显著的特色是贾而好儒，"虽为贾者，咸近士风"。徽商热心文化，重视教育，晴耕雨读，蔚然成风。"远山深谷，居民之处，莫不有学、有师、有书史之藏""富而教不可缓也，徒积资财何益乎"成为徽商的共识。徽商胡际瑶经商有成，但不忘儒学，提出"非关因果方为善，不为科名始读书"。徽商一旦致富，往往回乡捐资助学、振文兴教，培养了一代代文化和商业精英，使古徽州成为全国书院最多、状元进士最多的地区之一，并孕育形成了新安理学、新安医学、徽州建筑、文房四宝、徽剧、徽菜等丰富多彩、极富地域特色的徽州文化，被誉为徽文化的"酵母"。"四大徽班"相继入京，为京剧的诞生和京剧流派的形成发展，奠定了坚实基础。没有徽商就没有徽班，没有徽班就没有后来的京剧。可以说，没有徽商的发展就没有徽文化的繁荣。

（四）徽商崇尚契约、诚实守信

"唯诚待人，人自怀服"是徽商的经营之道。徽商编撰的《士商十要》倡导"货真价实、童叟无欺、贸迁货居、市不二价"，"戒欺匾"时刻提醒经营者不欺诈、守诚信。胡庆余堂将假虎骨付之一炬，胡开文徽墨厂将质量有瑕疵的徽墨沉于水池等，他们都用实际行动践行着诚信为本的契约精神。徽商高度重视商业合同和契约文书的作用，徽州馆藏文献中以契约文书居多，计有数十万件，为商业信用的形成和推广作出了独特贡献。同时，徽商以血缘和地缘为纽带，彼此之间乐于相互扶持、以众帮众，"吾徽人笃于乡谊，又重经商，商人足迹所至，会馆义庄遍行各省"。诚信为本的契约意识和同舟共济的合作精神，铸就了徽商强大的市场竞争力。

（五）徽商经世济民、义利兼顾

徽商不仅尚信，而且崇义，主张"财自道生，利缘义取"，当义利不能兼顾时，宁可失利，不可失义。他们具有强烈的社会责任感，积而能散，"富好行其德"。无论在外地还是家乡，他们赈灾济困，架桥铺路，义不容辞；建义仓、办义学、设义渡、置义山、立义田，见义必为，唯恐不及。在国难当头、黎民涂炭的危急时刻，徽商挺身而出、慷慨解囊。明朝时期徽商积极参与抵抗倭寇，不辞辛苦，运粮输边。晚清徽商胡雪岩积极协助左宗棠筹措军饷，为收复新疆作出重大贡献。徽商鲍漱芳在洪泽湖决堤、灾民嗷嗷待哺时，捐米六万石、麦四万石，赈济了数十万灾民。这些在当时乃至后世都产生了极大影响。

二、徽商精神的时代超越

历史上的徽帮作为十大商帮之首曾独占鳌头，而今的新徽商依然在省内外勇立潮头，他们东进西挺、南下北上，用奋斗开创了一片又一片新天地，书写了一个又一个新传奇，成为中国商界的一支劲旅。"新徽商群体"包括扎根安徽本土成长发展、在省外或海外发展的安徽籍企业家，以及在安徽投资创业并受徽商精神影响的企业家。同为新时代中国商界的优秀代表，新时代徽商之于晋商、浙商、闽商等，在传承弘扬传统徽商精神的同时，展现出不少鲜明特质。

（一）创新能力强

在新一轮科技革命和产业变革的大背景下，无论"走出去"还是"留下来"，新时代徽商秉持"要么不做、要做就做到最好"的经营理念，积极投身新技术、新模式、新业态，创造出许多新经济典型，在当下的经济发展格局中独树一帜。科大讯飞的刘庆峰，建设"世界声谷"，已成为中国智能语音与人工智能产业领导者；应流集团的杜应流，以追求卓越的工匠精神，将一个普通的乡镇企业发展成为国内行业领先的高端装备核心零部件制造企业；上海巴比馒头的刘会平，创造了早餐标准化生产、连锁式经营的新模式；"三只松鼠"的章燎原，以"互联网+"的方式，创造出现象级商品零售，并把"不创新的事不做"写入松鼠工作观。胡润研究院发布的"2022年中全球独角兽榜"中徽商企业有13家；《徽商发展报告2023》显示，截至2022年，全国科创板上市企业中徽商企业有31家；福布斯中国最新公布的"2023中国创新力企业50强"中，比亚迪、阳光电源、科大讯飞3家徽商企业入围榜单。

（二）创业拼劲足

新时代徽商在改革开放的大潮中筚路蓝缕，不畏艰辛，凭着一股闯劲、拼劲、韧劲，不为艰险所困，始终坚守如一、坚定执着、勇毅前行，创造了新的商界传奇。"傻子瓜子"创始人年广九，勇于拼搏创业，开启了中国民营经济先河，被誉为"中国第一商贩"；从千万富翁到一无所有，然后又从低谷爬回山峰，巨人集团史玉柱的故事早已成为独一无二的传奇；奇瑞汽车的尹同跃从零起步，把一个名不见经传的小厂发展成为国内汽车业的佼佼者，推动了自主品牌的崛起和发展；比亚迪创始人王传福敢于追梦，将比亚迪打造成全球领先的新能源汽车制造商；国轩高科的李缜持之以恒、坚定不移做大做强动力电池，推动中国新能源动力电池走在全球最前列。如今，新徽商已占据中国新能源汽车领域造车新势力的"半壁江山"。

（三）学习能力强

新时代徽商秉承了古徽商"儒商"的特点，大都勤奋好学、重视读书、崇尚学习，具有很强的学习能力。深厚的文化底蕴成为他们敢于创新、勇立潮头的秘诀和动力源泉。蔚来汽车创始人李斌，积极学习和对标行业竞争对手，致力于打造高性能的智能电动汽车与极致用户体验，成为全球领先的高端智能电动汽车企业之一；东超科技创始人韩东成，潜心研发"可交互空中成像"技术，打造出国内第一块等效负折射率光学玻璃；曾执教于合工大的曹仁贤将阳光电源打造成全球光伏逆变器头部品牌。通过"学而优则商"，众多新徽商让"顶天立地"的高科技转化为"铺天盖地"的生产力，实现从跟跑到并跑，甚至领跑的精彩蝶变。

（四）开放视野宽

新时代徽商具有眼光向外、经营在外的开放意识。近年来，他们北上京津冀，南下大湾区，东进长三角，加快"走出去"步伐。以大湾区为例，最新的胡润百富榜显示，广东身家超千亿元的十大富豪中有4位是徽商。新时代徽商积极参与国际市场竞争，以高质量的产品和服务开拓国际市场，打造国际一流企业。奇瑞连续21年位居中国品牌乘用车出口第一，成为中国品牌"扬帆出海"的领航者。2023年《财富》世界500强排行榜中，比亚迪以其新能源技术优势，从2021年度的436位跃升到2022年度的212位，是排名提升最多的中国企业。

（五）家国情怀深

新时代徽商具有的产业报国、回报社会的思想与古徽商的家国情怀一脉相承。美亚光电创始人田明怀着"打破国外技术垄断，铸造优秀民族品牌"的信念，研发出中国首台具有自主知识产权的大米色选机。北京长安投资集团侯守法积极参与阿拉善SEE基金会、长安投资公益基金会的发起和创立，长期致力于环保公益及社会慈善活动，将全国第一家关心关爱农村留守儿童的"融爱彩虹之家"落户六安。百度的马东敏向母校中国科学技术大学捐赠一亿元成立"蔷薇科大发展基金"。众多在外徽商始终心系家乡，关心支持家乡发展，全省每个市县开发区都能看到回乡投资的新徽商身影。如迈瑞医疗李西廷在家乡砀山投资建设医疗科技产业园，李斌把蔚来中国总部落户合肥，余承东将华为问界MPV放在合肥量产，等等。2022年，安徽省亿元以上在建徽商回归项目650个，总投资1821亿元；2023年前三季度，亿元以上在建徽商回归项目415个，比去年同期增长9.3%。

三、新时代徽商精神的千呼万唤

历史上的徽商创造了灿烂的商业文化和底蕴深厚的徽商精神。新时代徽商是历史与现代的连接者，是新时代的参与者和见证者，他们继承弘扬了徽商精神，用奋斗开创了新天地、塑造了新形象、展现了新担当。总结提炼、传承弘扬好新时代徽商精神意义重大而深远。

（一）从担负新的文化使命看

徽商精神植根于中华优秀传统文化，是中华优秀传统文化的重要组成部分。传承弘扬新时代徽商精神，是贯彻落实党的二十大精神和习近平文化思想，坚定文化自信自强，在新时代担负起新的文化使命的时代要求；是坚持守正创新，把马克思主义同中华优秀传统文化相结合，推动中华优秀传统文化创造性转化、创新性发展的题中应有之义。充分挖掘徽商精神的时代价值，将进一步凝聚起全面建设现代化美好安徽的强大精神力量，为建设社会主义文化强国和中华民族现代文明作出更大贡献。

（二）从弘扬企业家精神看

习近平总书记高度重视企业家的健康成长，希望企业家增强爱国情怀、勇于创新、诚信守法、承担社会责任、拓宽国际视野，争做爱国敬业、守法经营、创业创新、回报社会的典范，为弘扬企业家精神指明了方向、提供了遵循。韩俊书记多次提出要深入挖掘传承好安徽文化的价值内涵，希望民营企业家"秉持兼济天下的家国情怀，弘扬敢为人先的创新精神，坚持诚信守法的职业道德，树立放眼世界的开放意识，扛起回报社会的责任担当"，对弘扬新时代徽商精神提出了明确具体要求。

（三）从安徽发展需要看

与改革开放同步、与时代发展同行的新徽商群体逐渐发展壮大，已成为推动安徽高质量发展的生力军。提炼既能突出时代特征、新徽商特点，又能彰显文化内涵、社会导向的新时代徽商精神，有利于传承弘扬徽商优良传统，擦亮徽文化金色名片，凝聚广大徽商力量，增强徽商发展的底气和信心，激励广大徽商在新时代新征程中自强不息、发展壮大，为立足新发展阶段、贯彻新发展理念、构建新发展格局、推动高质量发展、建设现代化美好安徽发挥更大作用。

（四）从外省经验做法看

放眼全国，近年来，不少省份都高度重视总结提炼商帮精神，以此激发企业家干事创业的激情。比如，山西省将晋商精神概括为"诚实守信、开拓进取、和衷共济、务实经营、经世济民"；浙江省在"四千"精神的基础上，概括新时代浙商精神为"坚忍不拔的创业精神，敢为人先的创新精神，兴业报国的担当精神，开放大气的合作精神，诚信守法的法治精神，追求卓越的奋斗精神"；广东省将新时代粤商精神提炼为"敢为人先、务实开放、崇信守法、爱国奉献"；江苏省将新时代苏商精神凝练为"厚德、崇文、实业、创新"；福建省总结新时代的闽商精神为"善观时变、顺势而为，敢冒风险、爱拼会赢，合群团结、豪爽义气，恋祖爱乡、回馈桑梓"。这些为提炼新时代徽商精神提供了有益借鉴和参考。

（五）从现有研究基础看

从胡适先生把徽商形象地比喻成"徽骆驼"开始，安徽省社会各界在不同时期、从不同视角开展了对徽商精神内涵的研究。安徽大学、安徽师范大学、安徽财经大学、黄山学院等高校及相关研究机构形成了一批有影响力的研究成果；国内、国际徽商组织积极发挥桥梁纽带作用，组织开展了一系列徽商交流研讨等活动；安徽省委、省政府通过举办徽商论坛，召开天下徽商圆桌会议，开展"徽商精神"讨论征文和"新时代新徽商"年度人物评选等活动，持续深化对徽商精神的弘扬传播，为概括提炼、丰富发展新时代徽商精神奠定了坚实基础。

四、新时代徽商精神的基本内涵

新时代徽商精神，要坚持以习近平文化思想和习近平总书记关于弘扬优秀企业家精神的重要论述为指导，传承传统徽商精神内核，彰显时代价值内涵，推动传统徽商精神创造性转化、创新性发展。

（一）新时代徽商精神的共同标识：徽骆驼、行天下

早在1945年，胡适先生就为江苏溧阳新安同乡会题写了"我们是徽骆驼"条幅，1946年又在南京为徽州会馆题写了"努力做徽骆驼"的激励之词，冀望大家坚守徽州人吃苦耐劳的本色，发扬艰辛创业、努力奋斗的"徽骆驼"精神。我们理解，骆驼素有"沙漠之舟"的赞誉，具有忍饥耐渴、负重致远、吃苦耐劳、勇往直前的品质。因徽商的精神特质与骆驼的品质十分相似，胡适先生把常年在外打拼、不辞辛劳、四海为家的徽商比喻为"徽骆驼"，把徽商吃苦耐劳、开拓进取、百折不挠、遍行天下的创业精神誉为"徽骆驼精神"。正是由于胡适先生一生倡言"努力做徽骆驼"，"徽骆驼"作为徽商的名片和象征，其影响力和美誉度与日俱增，在徽州人、徽商群体乃至安徽省内外都得到广泛认

可。但凡旅居在外的徽州人，无不以自己是"徽骆驼"而备感荣光和自豪，并将其作为共同的精神标识。时代变迁，精神永驻。"徽骆驼"仍是新时代徽商奋发进取的生动写照。新徽商群体需要继续传承"徽骆驼精神"，将"徽骆驼精神"发扬光大，争做新时代的"徽骆驼"。抗疫期间，上海市安徽商会建立的"徽骆驼"平台积极开展系列公益行动，得到社会各界的广泛好评。

（二）新时代徽商精神的基本内涵

新时代徽商精神的基本内涵为：敢为人先的创新精神、百折不挠的奋斗意志、诚信守法的职业道德、放眼世界的开放意识、崇文重教的人文素养、兼济天下的家国情怀。

敢为人先的创新精神。古徽商穷则思变、创新求变、开拓进取，铸就了"无徽不成镇"的辉煌。新时代徽商继承了敢为人先、勇于创新的优良传统，面对新一轮科技革命和产业变革，善于把握大势，坚定发展信心，勇做创新发展的探索者、组织者、引领者，不断强化科技创新、管理创新和机制创新，在新技术、新领域、新业态中取得骄人成绩。

百折不挠的奋斗意志。古徽商奔走于崇山峻岭之间，从甘当学徒到自立商号，从果腹谋生到兼济天下，他们吃苦耐劳、拼搏进取，不畏艰难、锲而不舍。新时代徽商面对错综复杂的国际国内形势，始终保持创业者的姿态，始终充满创业人的激情，紧跟中国和世界发展大势，锚定目标，坚定信心，不畏惧挫折，不彷徨退缩，知险勇进，迎难而上，不断勇攀高峰、开创新业，充分展现出新徽商不屈不挠、勇立潮头的进取精神。

诚信守法的职业道德。古徽商凭借诚信闯天下、赢人心，无论对待顾客还是对待同行，都严格按照契约精神办事，这是徽商长盛不衰的重要因素。新时代的徽商继续弘扬"诚信为本、客户至上"的商业精神和经营理念，把诚信守法作为企业基本行为准则和立身壮大之本，光明正大搞经营、遵纪守法办企业，着力推进品质提升和品牌打造，构建亲清政商关系，努力塑造良好企业形象，赢得消费者和市场的认可。

放眼世界的开放意识。古徽商在商路开发、商品经营、商业资本积累等诸多领域都展现了海纳百川的开放胸襟。他们善于接纳新生事物，注重以众帮众、和衷共济，依靠群体的力量克服困难，创造了商业奇迹。新时代徽商大力弘扬开放精神，善于把握大局、审时度势，立足中国、放眼世界，抱团取暖、携手共进，紧跟国际国内市场动向，把握国内外市场需求，钻研国际规则，开拓国际市场，防范国际风险，带动企业在更高水平的对外开放中抢得先机、赢得主动、获得成功。

崇文重教的人文素养。古徽商"贾而好儒"是"崇文"的真实写照，徽商敏锐的创业眼光、进取的人生态度、当观时变的改革意识和超前的契约精神，都来自读书学习。新时代徽商传承发扬崇文好学的精神，注重学习、善于学习，不断加强自我学习、自我提高，注重练好企业内功，厚植企业文化，不断提升现代企业经营管理水平，增强企业凝聚力和核心竞争力。与此同时，他们还特别重视教育，尊重知识，尊重人才，大力支持科技教育事业发展，在推动科教兴国、人才强国、创新驱动发展战略上作出了积极贡献。

兼济天下的家国情怀。古徽商运粮输边以安邦、兴办实业以富国，在国家民族需要时义无反顾地挺身而出。新时代徽商在党的领导下，始终胸怀"国之大者"，坚持以惠民利企、兴皖强国为己任，把企业发展同国家繁荣、民族兴盛、人民幸福紧密相连，坚持兴业报国、实业强国，始终心系家乡，积极宣传安徽，为构建新发展格局、推动高质量发展作出积极贡献。同时，他们致富后不忘回报社会，积极承担社会责任，踊跃投身光彩事业和公益慈善事业，做到富而有责、富而有义、富而思源、富而思报。

五、传承弘扬新时代徽商精神的几点建议

总结新时代徽商精神，既是精神价值的凝练，更是精神标杆的培树。要大力弘扬新时代徽商精神，使之成为新徽商衡量自我的标尺、拼搏奋进的方向，让徽商在新时代重塑新的百年风华。

一是成立徽商总会。建议由安徽省工商联（总商会）牵头，整合各类资源，成立安徽省徽商总会，发挥平台与桥梁作用，以"乡情、亲情、友情"为纽带，吸纳各省份徽商以及全球徽商加入，打造互动、出彩、有效的徽商共同家园。开展新时代徽商精神大讨论，以大讨论来凝聚共识，以大讨论来激发热情，以大讨论来扩大影响。

二是注重价值引导。坚持以文化人，树立鲜明的价值导向，大力弘扬优秀企业家精神，积极培育和强化徽商群体的企业使命感和社会责任感。当前，特别要加大对徽商创业意识、创新思维、诚信理念的弘扬，厚植心忧天下的责任、敢为人先的气魄、开放合作的理念、诚实守信的品质、实干务实的作风。

三是重视宣传展示。加强对新时代徽商精神标识的宣传和培

塑，形成统一稳定、内涵丰富、个性鲜明的新徽商名片；运用多样化的宣传媒介，用好徽商论坛、天下徽商圆桌会议等重要平台，加大对新徽商精神的阐释和传播；发挥榜样作用，选树一批成功的徽商企业或企业家典型，讲好徽商故事，传播徽商声音，展示徽商风采；组织力量编纂反映新时代徽商创新创业案例丛书等，增强徽商精神的传播力和影响力。

四是推动徽商回归。明确徽商回归项目招引和人才引进主攻方向，实施"双招双引入皖"行动，支持徽商回归重大项目建设，推动更多的徽商总部、重点项目、人才、资本回归。鼓励徽商发挥海内外人脉优势，积极参与国际科技合作和科技投融资体系建设。建立相关部门与海内外徽商及商会的沟通渠道及数字服务平台，促进信息共享、有效对接，持续巩固发展厚积薄发、动能强劲、大有可为的好势头和具有感召力的营商环境。

五是加强基础研究。坚持以文立信，深入挖掘徽商精神的时代价值内涵。加大对徽商研究力量和资源的整合，以安徽大学、安徽师范大学、安徽财经大学等高校为重点，加强徽学重点学科建设，重视做好徽商信息汇总、数据分析，建立徽商研究资料信息数据库。加大对徽商研究重大课题攻关，总结徽商经营、管理、用人之道等成功经验，更好服务现代化美好安徽建设。

徽商大会二十年

马顺生

2022年初，中共安徽省委办公厅、安徽省人民政府办公厅印发《关于更好发挥行业协会商会在"三地一区"建设和"双招双引"中作用的意见》，其中第二十四条关于"加快平台建设"中，明确提出"推动组建长三角和中部地区国际商协会联盟。组建安徽徽商总会"。2023年12月20日，徽商总会正式揭牌，这既是我省商协会建设的大事，更是徽商发展进入新时代的一个里程碑事件。作为一名长期关注徽商事业发展的热心者，同时又是具体参与"首届中国徽商大会"（后改为中国国际徽商大会）策划的亲历者，此时此刻心中充满着喜悦与兴奋。正是由于一批志同道合者的推动，自2003年至今，中国国际徽商大会作为安徽省主办的综合性经贸盛会，成功举办了11届，成为安徽省规模最大、品位最高、影响最广的对外开放标志性平台之一。

作为安徽省人民政府主办的冠名"徽商"的开放合作平台，中国国际徽商大会走过了怎样的历程？其根源究竟在哪？当时是如何被挖掘出来的？二十年弹指一挥间，在这样一个具有非凡意义的节点，不免让我记起许多策划的细节和众多为徽商崛起呕心沥血的有志之士。我想把那些过往的探索再一次梳理出来，或许在今天仍有一定的意义。为此，我翻开了我的日记本：

有一种寻找，让我们矢志不渝。"贾儒相济，诚信不欺"

的徽商称雄中国商界历时数百年。

有一种感动，让我们欣喜若狂。在逐年发布的中国企业500强中，戴有"徽商"桂冠的企业成功"登顶"。

有一种震撼，让我们夜不能寐。走遍全国大地，几乎每家商会都有"徽商"被推选为人大代表或政协委员。

有一种记忆，让我们永存心间。2003年9月，首届中国徽商大会在合肥成功召开……

缘　起

2002年的一个春日，我与几位新闻界同仁聚在一起"高谈阔论"：聊区域经济，谈都市商圈，侃财富巨人，最终谈到"徽商"。于是一个大胆的创意产生：以"徽商"作为旗帜，集聚安徽商人再创商界奇迹，希望从徽商这一特殊的经济文化中找到重振徽商雄风的"兴奋剂"。但是，思想压力是巨大的。当时，许多人的思维中有一个禁锢：清代徽商常被冠以"红顶商人"，它的衰落是因为"政商勾结"的结果。事实果真如此吗？我们能够"颠覆"这种认知吗？强烈的责任感驱使我们特别想要"重新解读徽商，弘扬徽商精神"。

创　意

理念有了更新，思想得到解放，我们大胆提出举办"中国徽商大会"的策划建议。2002年底，我们将策划书呈报到安徽省企业联合会。时任安徽省企业联合会会长吴昌期（曾任安徽省副省长、省人大常委会副主任）欣喜地回复我们：这个策划方案很有分量和超前的思维，要让"徽商"成为一张富有安徽色彩、彰显个性的"地域名片"。出乎意料的是，时任安徽省委书记王太华在有关报告上批示，"这是一件有利于宣传安徽、扩大安徽影响、促进交流合作、招商引资的大好事"。时任安徽省省长王金山、常务副省长张平、副省长黄海嵩等纷纷予以批示，给予充分肯定和巨大支持。经研究决定，首届中国徽商大会将以省政府名义于2003年5月在合肥举行。

可是天有不测风云。正当筹备工作进入倒计时阶段，一场肆虐全国的"非典"突如其来。它不仅打乱了我们的工作部署，也在一定程度上影响了我们的信心。但是，值得欣慰的是，在抗击"非典"的困难日子里，筹备工作一直没有停止，而且准备了多种方案。也正是如此，当"非典"疫情缓解之际，省政府决定于2003年9月举办"首届中国徽商大会"。当即，省经贸委（现为省工业和信息化厅）、省企联组成强有力的领导班子和工作班子开展工作。2003年9月15日，来自国内外的2000多位企业家及各界代表云集合肥，出席首届中国徽商大会。这次大会仅两天时间，但会议规模、会议规格及签约成果都是史无前例的。更重要的是，会议分为"历史悠久的徽商""与时俱进的徽商""放眼全球的徽商""走向未来的徽商""再创辉煌的徽商"五个部分，充分展现了安徽的经济实力，塑造了一个与时俱进的新安徽、新徽商形象。当时，"中国徽商大会"是全国唯一一个以商帮命名的大会，不仅引起了全国各省份企业家的关注，更吸引了国内外近百家媒体的报道。仅从互联网上看，会前有关徽商信息不足1000条，会后猛增到20000多条。可以说，大会取得了巨大成功，在极短的时间内打响了"新徽商"的名牌。

品　牌

此后，我们一直不断挖掘"徽商"的品牌价值。2004年11月，我们参与承办由安徽省企业联合会与中国人民友好协会主办的首届国际徽商论坛，国内外300多位专家学者和知名企业家聚首徽商故里黄山市，交流了数百年来徽商研究成果，并进行了"徽商之旅"实地考察活动。新闻舆论评价，这次徽商论坛对弘扬徽商创业、创新、诚信、融合精神，增强"徽商"省区名片的知名度、吸引力和凝聚力，起到了很好的推动作用。2005年5月，在2005中国国际徽商大会召开期间，我们又举办了"新徽商人物系列评选"活动，并发起成立了"安徽国际徽商交流协会"。

2005年12月3日，首届"国际徽商精英年会"在北京人民大会堂召开，我有幸作为《天下徽商》丛书的执行主编在会议上发布该丛书出版的消息，当时的文海英副省长还在人民大会堂接见了全体编辑人员。后来，《天下徽商》已连续出版十多集（每年一集）。徽商，不再是一群人的称谓，她是一种精神、一种独特的文化、一种智慧的商业理念，我们在不懈的探索中赋予她深刻的内容。中央一位领导在2004年安徽考察时曾高度评价徽商"崇尚文化、注重信誉，是一笔宝贵的精神财富"。这给予我们极大的动力。随着"徽商"品牌影响力的日益扩大，中国国际徽商大会已成为安徽重要的形象宣传平台和招商引资平台。

记 忆

今天，"徽商"已成为一个热词。这当然是改革开放的成果，也是安徽崛起的"浪头"。然而，每当想起自己在宣传"徽商"过程中的一点微薄贡献，总感到是自己几十年工作生涯中永远的欣慰。倒不是因为自己做了多少事，而是通过我们一批志同道合者的努力，发掘了徽商的潜在价值，使徽商的经营理念在新时代展现了新辉煌。

还记得2004年，我陪同原世贸谈判首席代表龙永图先生在黄山考察时，徽商故里的人文景观和自然景观深深折服了他。在泛舟太平湖时，他感叹地说，徽商经营理念的灵魂是"诚信"，看来这是大自然赋予他们的。现代诸多的"新徽商"秉承了这些优秀的传统，应该成为我们发展市场经济的"标杆"。

现在我们更多地在思考徽商的精神内核。一直以来人们习惯于把学习徽商囿于浅层面上的勤劳、诚信、节俭，其实，学习徽商的精髓应放在徽商聚财的取之有道上。这不是某个徽商、某个群体的行为，而是一代徽商沿袭下来的一种习惯、一种传统，也可以说是一种修行。

随着安徽经济的加快发展和营商环境的持续优化，越来越多的徽商选择回家乡投资兴业。2023年1—12月，安徽省亿元以上在建徽商回归项目581个，徽商投资额1903亿元，实际到位资金1141.5亿元，同比增长10.3%。新建亿元以上项目482个，徽商投资额1510.8亿元，实际到位资金985.7亿元。新建10亿元以上大项目28个，实际到位资金376.7亿元。

截至 2023 年底，全球共有各类徽商组织 528 家。各地的徽商组织不断强化区域之间的合作交流，为助力安徽"双招双引"发挥了积极作用。

对于一名微不足道的参与者来说，这难道不是二十年一直走来最好的回报吗……

（作者为安徽经济报社原社长、总编辑，安徽省工业文化协会副会长、秘书长）

后　记

一

　　《徽商发展报告 2024》即将出版，这是徽商发展研究系列连续推出的第七本报告。这七本报告不仅是新时代徽商发展的全景记录，也是展现新徽商发展成果的重要资料。

　　在新时代新征程上，徽商在新技术、新产业、新模式、新业态中取得了骄人成绩，尤其是在以新能源汽车、锂电池、光伏产品为代表的"新三样"领域，徽商更是展现出了非凡的成就。

　　在"新三样"领域，一支特色鲜明的汽车"皖军"正在快速崛起，徽商占据造车新势力的"半壁江山"，以至于有媒体形容说，"徽商造车凶猛"。

　　2023 年，安徽将汽车产业确定为"首位产业"，汽车产量跃居全国第二位、新能源汽车产量居全国第四位。2024 年 1 至 6 月，安徽汽车产业持续快速发展，汽车产量和新能源汽车产量均位居全国第二位，其中新能源汽车产量达 62.1 万辆，同比增长 81.4%，占全国比重为 12.6%。汽车产业快速发展的背后，离不开一群怀揣造车梦的徽商企业家。

比亚迪集团董事长兼总裁王传福、奇瑞集团董事长尹同跃、江淮汽车董事长项兴初、华为智能汽车解决方案 BU 董事长余承东、蔚来汽车创始人李斌、哪吒汽车创始人方运舟，都是安徽人，也正是他们，为汽车界的"安徽势力"扛起了大旗。

在激烈的汽车市场竞争中，徽商凭什么能？

首先，他们都有一股拼劲。

尹同跃带领早期奇瑞创业者，从一间"小草房"出发，不畏艰难，勇往直前，至今令人感佩。正是靠着这股拼劲，尹同跃带领全体奇瑞人造车已有 27 年，成为中国和世界汽车业界的一颗自主品牌明星。

2023 年，奇瑞销售汽车超 188 万辆，其中出口超过 93 万辆，连续 21 年位居中国品牌乘用车出口第一，营业收入超过 3000 亿元，同比增长 52.6%。

2023 年 8 月，比亚迪第 500 万辆新能源汽车下线活动现场，王传福谈及创业艰辛，几度失声哽咽，并称"曾经，我们也害怕等不到春天"。

现在，春天来了。

2023 年，比亚迪新能源汽车年销量超过 302 万辆，蝉联全球新能源汽车销量冠军，也成为首家跻身全球汽车销量前十的中国车企。

王传福曾说，在汽车行业，比亚迪要做一道证明题，去证明比亚迪可以，新能源可以，中国汽车可以。在汽车这条路上，王传福用近乎满分的表现做完了这道证明题。

"时间终会批阅我们的答卷。"在《徽商发展报告2024》即将出版之际，奇瑞集团首次跻身世界500强之列。2024年8月5日，尹同跃致全体奇瑞人的一封信刷屏朋友圈，很多人读后为奇瑞人的坚守而动容。

其次，他们都持之以恒抓创新。

2024年7月27日，李斌在"NIO IN 2024蔚来创新科技日"上，一口气拿出了三个"黑科技"，分别是蔚来全球首颗车规5纳米高性能智驾芯片流片、中国首个智能驾驶世界模型NWM（NIO World Model）、全球领先的整车全域操作系统——SkyOS·天枢。"黑科技"为汽车赋能，但背后是真金白银的投入。2023年，蔚来研发投入达到134.3亿元，在一众造车新势力中，位居前列。

与李斌"蔚来技术全栈"的技术自研不同，另一名安徽造车人在另一条赛道上矢志创新。余承东带领华为打造出了一个造车新模式：做车企的赋能者。通俗一点说，余承东做的不是标准化部件，而是软件、算法、云、芯片，是跟造车厂的深度"卷合"。在这条路上，余承东用业绩证明了"华为模式"的可行性。截至2024年7月初，华为智能汽车解决方案BU的收入达到100亿元。而2022年和2023年，华为智能汽车解决方案BU的年度收入分别为21亿元和47亿元。

汽车产业被称为"工业皇冠上的明珠"，是带动力最长的产业链条。徽商不仅投身整车制造，在零部件、后市场领域也是同步发力，占据一片江山。

从零部件来看，中鼎汽车橡胶零配件的市场占有率居全国第一，巨一自动化是国内汽车先进制造领域智能装备行业的领先企业。在与汽车直接相关的机械制造行业中，安徽也有一家领军者，就是合力股份，合力叉车连续30多年销量稳居全国第一，在2022年更是位居世界第七。

正是有了徽商的共同努力，才有了今天的安徽"汽"势。在新能源汽车这条新赛道上，他们都成了各自产业链上的领军者。

说完了新能源汽车中的徽商力量，我们把目光转到新能源汽车"三电"中的核心——电池，在这个领域，徽商有一个领军者，就是李缜。

2024年5月初，在中国科学技术大学先进技术研究院科技创新成果展现场，国务院总理李强充分肯定了国轩高科为电池技术进步所作的努力，勉励国轩高科加强前瞻性布局，坚定走向国际市场。

成立于2006年的国轩高科，发轫于合肥，在李缜的带领下，伴随着中国制造业的崛起而快速成长，如今已成为中国动力电池领域的佼佼者。国轩高科不仅在安徽的汽车工业体系内充当重要角色，在新能源浪潮来临之时，更为自己赢得了"向外扩圈"的新机遇，成为中国企业"出海"的样板。

近年来，国轩高科接连在德国、越南、印度、泰国、阿根廷等地落子，打开了欧洲、亚洲、美洲三大市场，锂电池产品畅销全球。数据显示，2024年1至4月，国轩高科桐城基地出口订单量增长90%以上，出口产品类型也从去年的两款增加到四款。越来越多海外客户的认可，正是对国轩高科最好的赞许。

最后，我们来看"新三样"领域中的光伏产品与储能系统。

提到光伏产业链，阳光电源是第一个走进我们脑海中的。在摘得全球储能系统出货量桂冠之前，这家坐落于合肥、由曹仁贤一手创办的光伏企业，早已在国内储能市场"称霸"，连续7年蝉联中国储能系统集成商冠军，独揽光伏逆变器、储能系统集成两大"王冠"。

据2022年全球电池储能系统集成商市场份额的统计数据，全球前五大电池储能系统集成商占电池储能系统总出货量的62%，而阳光电源以16%的市场份额位居全球第一。

就在2024年7月15日，阳光电源与沙特ALGIHAZ成功签约全球最大储能项目，容量高达7.8 GWh。这意味着，阳光电源2024年将继续稳坐全球储能系统出货量冠军之位。

目前，储能业务已成为阳光电源业绩增长的第二曲线，在未来更是有望超越光伏逆变器业务，成为阳光电源的第一大业务。

与曹仁贤在光伏与储能领域深耕多年相比，总部位于安徽宣城的华晟新能源无疑是后起之秀。成立仅4年，华晟新能源便在徐晓华的带领下，研发生产出高效异质结光伏电池及组件，并且产能已跻身全球首位，达到20 GW，在异质结行业的有效产能占比超过50%。其位于宣城、合肥、无锡、大理的四大生产基地的总出货量超3 GW，同样位居全球第一，在异质结行业出货占比超过60%。

"新三样"领域中的徽商，只是新徽商群体在各行各业中创业创新创富的生动缩影。他们勇立潮头、坚守实业、创新引领，不仅书写了一部商界传奇，更是推动安徽发展的一支劲旅，诚如一句话所言，"安徽好，徽商才会好；徽商好，安徽会更好"。

2023年，决策杂志社（安徽创新发展研究院）具体承办或参与承办了2023世界制造业大会徽商论坛、徽商文化思享会等一系列重大活动，在安徽省内外都产生了很好的反响。

透过这些活动，我们能深切感受到，新徽商以闯天下的胆识气魄创新思进，以遍天下的宽广视野开拓市场，以冠天下的拼搏精神深耕实业，以为天下的博大情怀回报桑梓，用顽强奋斗开创了新天地、创造了新传奇、展现了新形象。

岁序更替，时光向前，新徽商还将继续书写新的商业传奇。《徽商发展报告2024》对徽商在科技创新、新兴产业、资本市场以及商会组织建设等方面的表现和成果，都做了深入分析，这将成为徽商研究的一份重要资料，也将为凝聚徽商力量、弘扬新徽商精神、传播徽商文化贡献出一份力量。

张道刚

二〇二四年八月

二

　　二十多年前第一次到徽州地区，当时对徽商和徽文化不甚了解，但马头墙、黑白相间的色调、深宅大院、古村落、宗祠、书院、老街等都给我留下了深刻的印象。今天的"徽商"，不仅是全球安徽籍商人的符号，更是一种文化、一种精神、一个品牌。

　　2009年，安徽财经大学首期"徽商大讲堂"开讲。"徽商大讲堂"一直延续至今，当初举办该活动的出发点是为了搭建校企合作的平台，促进徽商企业与学校的交流，活跃校园文化。2014年，我在合肥策划和打造了"新徽商大讲堂"，主要目的是促进徽商企业家之间的交流和资源整合，至今已举办了60多期。2014年，安徽财经大学新徽商研究中心成立。2018年，安徽财经大学新徽商研究中心联合安徽经济报社等单位打造新徽商商学院、徽商智库等平台，践行开展"四个一"工程：重走一段徽杭古道，聆听一场徽商文化报告，参观一座徽商古村落，参访一家徽商名企。

　　对于《徽商发展报告》，很早之前我就思考过撰写工作，但由于多种原因没能实现。直到2018年，经过对2017年全年徽商活动的跟踪和资料收集，再加上"新徽商大讲堂"微信公众号的持续运作，在2018中国国际徽商大会和2018世界制造业大会期间发布了《徽商发展报告2017》。该报告得到了大家的认可，被评为2018中国国际徽商大会和2018世界制造业大会"十大成果"

之一。之后推出的《徽商发展报告 2019》被评为 2019 世界制造业大会成果之一，《徽商发展报告 2020》被评为 2020 世界制造业大会江淮线上经济论坛成果之一。2021—2023 年，《徽商发展报告》均被评为当年世界制造业大会的重要成果。

2023 年，安徽财经大学新徽商研究中心在新徽商研究领域获得了一定的成长：与安徽经济报社、徽联汇、安徽古井贡酒股份有限公司等单位联合承办或参与和协办了多次徽商智库沙龙、新徽商线下交流活动、徽商品牌发展等活动；微信公众号"新徽商大讲堂"每周一开辟专栏持续分享徽商文化；出版了著作《安徽老字号的传承与振兴》，承办了多个项目研修班；多地徽商商会和商帮研究组织前来考察交流，多个地方政府招商部门前来调研，了解徽商产业布局、异地徽商组织与徽商上市企业情况；通过论坛、校园赛事等助力徽商老字号品牌的传承与创新；与安徽江南徽商研究院、徽商博物馆进行战略合作，促进资源整合。

《徽商发展报告 2024》经过多次研讨和论证，最终形成了徽商组织、徽商企业、徽商人物、徽商制造、徽商回归、徽商国际化、徽商文化传承七大模块，围绕徽商年度发展进行总结分析。报告中还发布了"2023 年徽商百强榜"和"2023 年徽商百富榜"，凸显了徽商制造的影响力。

《徽商发展报告 2024》能够顺利出版，感谢决策杂志社总编张道刚，安徽经济报社原社长马顺生，安徽经济报社副总编栗亮（主持工作）、邓九平，决策杂志社执行主编王运宝等，他们的无私帮助和鞭策让我更有动力，因为徽商，我们经常共同出席活动、磋商交流，分享徽商最新动态；感谢安徽财经大学党委书记虞宝桃教授、朱红军教授、周加来教授、储德银教授、王兵教授，以及淮北师范大学校长张焕明教授，他们给新徽商研究中心提供了较好的平台和资源；感谢安徽农业大学党委书记张庆亮教授，安徽师范大学徽商发展研究院院长马陵合教授，安徽师范大学经济管理学院院长张廷龙教授，安徽财经大学新徽商研究中心曹天生教授、安徽经济社会发展研究院徐旭初教授，安徽财经大学工商管理学院胡登峰教授、胡旺盛教授、徐伟教授，安徽江南徽商研究院顾问房培陵，徽商博物馆馆长许苏平等，他们在我成长道路上给予关爱和支持；感谢安徽师范大学出版社社长张奇才教授，编辑何章艳、蒋璐，他们为本书的出版提供了优质的服务；感谢徽商总会秘书长司应武、安徽国际徽商交流协会秘书长叶青松、安徽合作交流办副主任陈龙、各地徽商商会的会长和秘书长，他们为本书提供了诸多的素材和建议，在此一并深表感谢！

《徽商发展报告2024》是安徽财经大学年度系列报告丛书的一种，也是安徽财经大学新徽商研究中心和安徽经济报社、决策杂志社（安徽创新发展研究院）联合打造的"徽商智库"系列丛书之一。由于笔者水平有限，书中如果有不当之处或疏漏，敬请联系我们（邮箱514722091@qq.com），我们将第一时间给予回复。《徽商发展报告》将会延续下去，记录和剖析徽商的年度发展大事，统计和分析徽商的年度经营状况，解析徽商年度重大专题，传播徽商文化，传承徽商精神。

因为徽商，你我同行！因为徽商，我们在路上！新时代呼唤新徽商，新形势打造新徽商。期待天下徽商聚焦实业、建设家乡，推动总部回归、项目回归、人才回归、资本回归，带动更多企业汇聚安徽，成为安徽"合伙人"；期待天下徽商义利双行、造福桑梓，坚守徽商人文精神，传承徽商文化传统，在创造财富的同时，主动承担社会责任，树立起新时代徽商以义取利、热心公益的良好形象；期待天下徽商齐心协力、抱团发展，秉持"天下徽商一家亲"的合作理念，进一步整合资源，促进合作，不断提升徽商品牌整体竞争力和影响力。

王唤明

二〇二四年七月